私域流量

流量池的自建与变现

U0367203

柯醒　倪林峰 | 编著

 化学工业出版社

·北京·

后流量时代，我们都处在一个获客难、转化低、成本高的流量环境下，面对严峻而困难的用户增长问题，是不是就真的束手无策、毫无章法可循呢？这本书可以为你答疑解惑。

《私域流量：流量池的自建与变现》由拥有 15 年电子商务运营经验的金牌讲师，联合广州汇学电商培训机构创始人精心创作。通过 36 个平台运营、88 个引流技巧、25 个变现技巧、59 个经典案例分享，从私域流量、裂变吸粉、沉淀流量、朋友圈、小程序、公众号、社群、短视频、私域电商等多方面，共计 160 多个干货技巧，帮助读者实现流量池的自建与变现。

本书适合自媒体人、电商卖家、新媒体从业人员，以及小微企业老板、创业者、中高层管理者等，适合缺流量，或有流量但转化率低、难以变现，或 VIP 客户流失率高的企业。

图书在版编目（CIP）数据

私域流量：流量池的自建与变现 / 柯醒，倪林峰编著. — 北京：化学工业出版社，2020.2（2024.2 重印）
ISBN 978-7-122-35853-0

Ⅰ. ①私… Ⅱ. ①柯… ②倪… Ⅲ. ①电子商务－网络营销－研究 Ⅳ. ①F713.365.2

中国版本图书馆 CIP 数据核字（2019）第 278233 号

责任编辑：刘　丹　　　　　　　　　　美术编辑：王晓宇
责任校对：栾尚元　　　　　　　　　　装帧设计：水长流文化

出版发行：化学工业出版社（北京市东城区青年湖南街 13 号　邮政编码 100011）
印　　装：涿州市般润文化传播有限公司
710mm×1000mm　1/16　印张 16¼　字数 279 千字　2024 年 2 月北京第 1 版第 4 次印刷

购书咨询：010-64518888　　　　　　　　售后服务：010-64518899
网　　址：http://www.cip.com.cn
凡购买本书，如有缺损质量问题，本社销售中心负责调换。

定　　价：68.00 元

大咖推荐

姜云宝 | 广州汇学教育特邀技术顾问、天下网商高级分析师、易观"互联网＋导师团"精英导师、派代讲师、广州电子商务行业协会顾问

　　私域流量的快速盛行给社交电商注入了一股春风，让许多中小型卖家跟着这个风潮崛起。柯醒老师这本《私域流量：流量池的自建与变现》，详细讲述了从基础到高阶的私域流量运营技巧。本书内容简单易懂，是一本学习私域流量技巧的好书，无论你是电商新手，还是专业的电商运营，都能有所收获。

肖森舟 | 淘大企业导师，互联网铁观音品牌森舟茶叶创始人兼CEO

　　这本《私域流量：流量池的自建与变现》，是柯醒老师在多年电商运营经验基础上的倾心之作，每一章内容的含金量都极高，柯醒老师引出每个细节讲解和应用操作，大家可以由点到线、再扩展到面，举一反三进行学习，就能在电商运营操作、流量池搭建、推广等方面掌握更高超的操作技巧。助大家在电商的路上，更快抵达目标！

郑敏华 | 皓比画室主理人

　　互联网传播及营销已经到了一个新的阶段，《私域流量：流量池的自建与变现》运用大量鲜活的案例，对未来的流量营销传播进行了极有意义的探索，开辟了一条兼顾品牌传播与有效转化的新途径。

林岱辉 | 广州市蓝河韵创意文化产业有限公司创始人

　　如果说互联网已逐渐从人口红利走向数据红利，那么《私域流量：流量池的自建与变现》无疑提供了这个环境下的又一种独特的方法论。如果你也是一个热爱营销的人，希望读过此书后，也能看到那些令人豁然开朗的美丽景色。

自序一 构建流量池，拥抱互联网变化

从2015年开始，中国移动互联网的流量红利就开始逐渐消失，营销人或创业者对下面几个变化应该都深有体会。

（1）**流量红利已经过去。**头部的移动互联网巨头已经形成，进而形成对剩余流量的进一步控制和吞噬。如果说在流量红利时代，流量就等于用户，那么当下争夺的其实是用户的有限时间。

今天，以微信、今日头条、王者荣耀为代表的众多App，实际已经抢夺了用户的绝大部分时间，留给其他App的机会并不多，或许只能在垂直人群（比如青少年、女性）或应用场景（比如出行、外卖）中寻找更多发展机会了。

（2）**获客成本持续攀高。**各个流量源头被互联网巨头垄断，随之而来的是获客成本的持续攀高，这已经是创业品牌和互联网的第一痛点。

线上流量的减少和价格疯涨，使很多企业转而再次开始寻找传统流量的突破。无论是线下门店（包括新零售）、传统广告（比如分众电梯、广播、院线贴片），还是最古老的"人肉"地推（携程和阿里巴巴的起家动作，今天再次流行），都成了挖掘流量的手段。

（3）**流量不分线上线下。**由于线上获客成本的高涨，营销的战场再次转移到传统媒体整合上。宝洁、可口可乐减少线上广告的投放，重新拥抱电视广告，这也是最新的趋势。

流量不分线上线下，传统甚至古老的方式仍然可以获客，这也是我们要思考的问题。为什么百雀羚一则高达数千万单文阅读量的广告，会引来网上大量的效果质疑呢？

企业不再满足于品牌的刷屏和简单的"10万＋"阅读量，而是如何能够叫好又叫座如何能够在移动互联网实现闭环购买？如何能够让分众这样一些传统广告带来快速增长？这些已经是企业家、营销人不断自问和研讨的问题。

（4）技术与营销的结合。技术与营销结合速度加快，因为流量成本提升和增长的切实需要，基于企业内部数据和用户标签的MarTech（营销技术）正在挑战外部广告公司的AdTech（广告技术），广告技术化和"甲方去乙方化"都成为趋势。

2016年，在全球398例广告和公司并购案中，78%是由IBM（国际商用机器公司）、Accenture（埃森哲）和Salesforce（软件营销部队）等公司完成的，以黑客增长方法为代表的"技术取代营销"的口号也甚嚣尘上。

毕竟，因为移动终端的交互系统和数据收集，营销技术已经不算是问题。而在有限且越来越珍贵的流量中，在技术上必须锱铢必较地对流量进行精细化挖掘与转化，这将是创业者和营销人的一堂必修课。

传统企业如何突破流量壁垒，如何借助互联网实现自身转型，如何寻找自己的第一桶金，如何精打细算地运营好流量，如何让流量带来销量和增长，这些都是笔者和团队在市场工作中不断发问，不断探索和解决的问题。

在大量日常对外合作中，笔者深刻感受到不同企业、不同品牌在不同阶段对于各自营销需求的困惑，我们把一些经验、方法也输出在他们的日常工作中，一些案例表现不俗。

笔者把这些成形的经验与方法论取名为"私域流量"，这也是本书主题的由来。

需要说明的是，流量池思维和流量思维是两个概念。流量思维指获取流量然后变现流量，这显然已无法解决今天的企业流量困局。流量池思维则是要获取流量并通过存储、运营和发掘等手段，再获得更多的流量。

如果你本身是像BATJ［分别代表百度（B）、阿里巴巴（A）、腾讯（T）和京东（J）］这样的大流量输出者，那么本书的很多经验可能仅做参考。笔者更希望启发那些流量贫乏、营销无力、急需转型的传统企业，或急需在移动端有所突破的创业者和营销人。

柯醒

自序二　用私域流量池
解决生意的焦虑

如今，"生意"不知在什么时候成了"焦虑"的代名词。

● 广告投下去，没用，焦虑；

● 不投广告，担心错过机会，焦虑；

● 产品压在自己手里，销售人员迟迟拿不到订单，焦虑；

● 产品分发到渠道商手里，没有回款只有退货，焦虑；

● 促销做了，只带来一时的购买，之后又没动静了，一算账连成本都收不回来，鱼把饵吃了，鱼没上钩，焦虑；

● 用户进店越来越少，同行竞争越来越多，深刻体会到"门可罗雀"，焦虑……

焦虑成了生意人的常态，很多生意人都生活在焦虑中，但总有一些人日子过得不错。

● 这是一批有勇气的人，他们不怕困难，勇敢试错，错了再改，不断优化，像软件一样不断升级迭代；

● 这是一批有洞察力的人，他们看准了趋势，看懂了未来，找到了各自的答案，寻找到了突破口。

他们找到了答案：用微信个人号打造私域流量池就是其中之一。

有了私域流量池，也就掌握了主动权，不用再处处被动挨打，不但销售业绩会飙升，竞争对手还看不到、影响不到。

很多人已经开始构想经营万千微友的方法，想用微信建立私域流量池。

在这个过程中，会遇到各种问题。

（1）为什么一定要打造自己的私域流量？

（2）如何引流涨粉，进行粉丝的裂变？

（3）如何沉淀流量，打造个人IP品牌？

（4）如何内容引流，打造高质量的朋友圈？

（5）如何用小程序、公众号、社群进行变现？

（6）如何抓住抖音短视频的风口，为自己所用？

（7）如何经营私域电商，留下粉丝深度营销？

为了解答上述问题，《私域流量：流量池的自建与变现》诞生了。这是一本写给自媒体人、电商卖家、新媒体从业人员，以及小微企业老板、创业者、中高层管理者等人士的工具书，也正是因为有了这成百上千人的共同参与、共同实践和学习追求，也才有了这本书存在的意义。

2019年1月9日，"微信之父"张小龙第一次在演讲中公布了微信朋友圈的相关数据："朋友圈每天有7.5亿人进去，平均每个人每天有30分钟泡在朋友圈里，朋友圈每天被打开100多亿次。"

比朋友圈被打开100亿次更多的是微信的聊天次数，2018年微信公布的数字是平均每天380亿次，2019年公布的是平均每天450亿次。

人在哪里，生意就在哪里。

微信个人号的朋友圈和私聊功能渐渐成为生意的主战场之一。在过去的8年里，微信一路凯歌，活跃用户数量节节攀升，2018年微信有1082500000位用户保持活跃，这近11亿微信用户几乎都是微信重度用户。而您，可曾想过要拿微信个人号做些生意的布局吗？

生意最大的难题是反复购买流量以获取用户，而从其他渠道购买的用户在完成第一次购买后，商家想要再次触达用户时会发现，用户根本不在自己的手里。用多个个人微信号打造私域流量池，可以源源不断地获取用户。确立与用户的关系后，还可带来购买，并通过持续沟通带来复购，通过传播不断裂变出新用户，构建一个品牌价值不断上升的闭环系统。放在时间轴上看，日积月累，这就是一条持续向上延伸的价值增长曲线。

今天，我们做的每一个动作、花的每一分钱、积累的每一个客户，都是将来获取价值的保障。

大家可以试想，自己手里掌握着专属于您的千万用户，您发的每一条朋友圈都可以触达这些人，您还可以通过私聊进行答疑，且每个用户都是您的朋友，绝对信任您，您还有什么做不到呢？现在，借助微信个人号一年实现上亿元的销售额也不是梦了。

不见不识，不学不会，有心的人，听到一次会思考十次，见到一次会实践十次，直到做成。纸上得来终觉浅，绝知此事要躬行。

我们亲眼见证的小微经营者成千上万，有卖水果的、卖土特产的、卖化妆品的、卖生日蛋糕的、卖酒的、卖课程的……哪怕他们只有一两个微信，也都因为踏实运营而获得了成功。建立私域流量池，早已不再是微商的专利，很多企业主动选择了这种方式。

我们服务的客户包括天猫店、淘宝店、垂直电商平台、微商电商平台、投资公司、地产公司、会展公司、汽车修理公司、培训公司、网红公司、教育机构、医疗美容院、服装连锁店、快时尚餐饮连锁店、奢侈品连锁店等。希望《私域流量：流量池的自建与变现》一书能够给您带来启发和收获。

我们希望，所有的生意人都不再焦虑！

倪林峰

目录

第3章

沉淀流量：个人IP实现私域流量变现 050

第4章
内容引流：揭秘朋友圈的裂变引流套路 076

第5章
信任变现：朋友圈流量成交的全新打法 110

第8章

社群成交：看懂少数人精通的红利游戏　183

第9章

短视频变现：抖音引流吸粉＋赚钱攻略 204

第10章
私域电商：让粉丝留下来实现持续变现 225

私域流量：
打造自己的专属私域流量池

第1章

对于任何生意来说，用户都是最重要的因素。若你拥有成千上万的专属用户，那么，不管做什么事情，都会很容易取得成功。因此，不管是企业还是个人创业者，不管是传统行业还是新媒体行业，我们每个人都需要打造自己的专属私域流量池。

1.1

重新认识：为什么要做私域流量？

如今，不管是淘宝电商，还是自媒体"网红"，当然还有大量的传统企业，大家都越来越感觉到流量红利殆尽，面对用户增长疲软的困境，大部分人都面临以下4大难题，如图1-1所示。

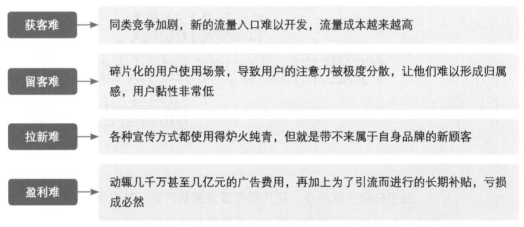

获客难	同类竞争加剧，新的流量入口难以开发，流量成本越来越高
留客难	碎片化的用户使用场景，导致用户的注意力被极度分散，让他们难以形成归属感，用户黏性非常低
拉新难	各种宣传方式都使用得炉火纯青，但就是带不来属于自身品牌的新顾客
盈利难	动辄几千万甚至几亿元的广告费用，再加上为了引流而进行的长期补贴，亏损成必然

图1-1　流量瓶颈下的难题

很多用户对于各种营销套路已经产生了"免疫力"，甚至对这些营销行为感到厌恶而直接屏蔽你。在这种情况下，我们的流量成本可想而知是相当高的，因此很多自媒体创业者和企业都遭遇了流量瓶颈。

那么，我们该如何突破这些流量瓶颈带来的难题？答案就是做私域流量，通过微信公众号、朋友圈、小程序、微博以及抖音等渠道，打造自己的专属私域流量池，把自己的核心用户圈起来，让彼此的关系更加持久。

1.1.1　熟悉概念：什么是公域流量和私域流量？

私域流量是相对于公域流量的一种说法，其中"私"指的是个人的、私人的、自己的意思，与公域流量的公开相反；"域"是指范围，这个区域到底有多大；"流量"则是指具体的数量，如人流数、车流数或者用户访问量等，私域流量和公域流量中"域"和"流量"的意义都是相同的。

1. 什么是公域流量

公域流量的渠道非常多,包括各种门户网站、超级App和新媒体平台,下面列举了一些公域流量的代表平台,如图1-2所示。

淘宝 → 淘宝通过丰富的商品吸引大量用户,年度活跃用户达到了5.76亿(截至2019年8月23日)

京东 → 京东为用户提供优质的电商体验,截至2019年3月31日,过去12个月的活跃用户数为3.105亿

拼多多 → 拼多多是基于微信生态成长起来的社交电商平台,截至2019年3月31日的12个月期间,平台年活跃买家数达4.433亿

携程 → 携程在在线旅游市场发展多元化业务,2018年总交易用户数达1.35亿

美团 → 美团为用户提供餐饮外卖、酒店预订、休闲娱乐和丽人等服务,2019年第一季度交易用户数达4.12亿

爱奇艺 → 爱奇艺是专业的网络视频播放平台,2019年一季度订阅会员规模达到9680万,2019年1月以5.49亿的月活跃用户数位居行业第一

百度 → 2019年3月,百度App日活跃用户达1.74亿,使用百度移动应用的月活跃设备达11亿台

搜狗输入法 → 搜狗输入法是一款汉字输入法工具,截至2019年3月底,搜狗手机输入法日活跃用户数已达4.43亿

酷狗音乐 → 酷狗音乐是一个音乐搜索和下载平台,2019年第1季度,其在线音乐月活用户数达到2.94亿

图1-2 公域流量的具体代表平台和流量规模

从上面这些平台的数据可以看到，这些平台都拥有亿级流量，并且通过流量来进行产品销售。他们的流量有一个共同特点，那就是流量都是属于平台的，都是公域流量。商家或者个人在入驻平台后，可以通过各种免费或者付费方式来提升自己的排名，推广自己的产品，从而在平台上获得用户和成交。

例如，歌手可以在酷狗音乐上发布自己的歌曲，吸引用户收听，然后用户需要通过付费充值会员来下载歌曲，歌手则可以获得盈利，如图1-3所示。

图1-3　酷狗音乐App相关界面

我们要在公域流量平台上获得流量，就必须熟悉这些平台的运营规则，具体特点如图1-4所示。

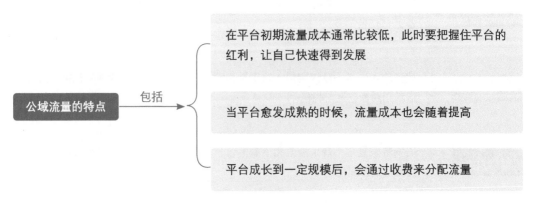

图1-4　公域流量的特点

因此，不管你是做什么生意，都需要多关注这些公域流量平台的动态，对于那些有潜力的新平台，一定要及时入驻，并采取合适的运营方法来收获平台红利。而一旦你在平台的成熟期进入，那么你就要比别人付出更多努力和更高的流量成本。

对于企业来说，这些公域流量平台最终都是需要付费的，你赚到的所有钱也都需要给他们分一笔。而对于那些有过成交记录的老客户（以下简称"老客"）来说，这笔费用就显得非常不值。当然，平台对于用户数据保护得非常好，因为这是他们的核心资产，企业想要直接获得流量资源非常难。这也是大家都在积极将公域流量转化为私域流量的原因。

2. 什么是私域流量

对于私域流量，目前还没有统一的定义，但是私域流量确有一些共同的特点，如图1-5所示。

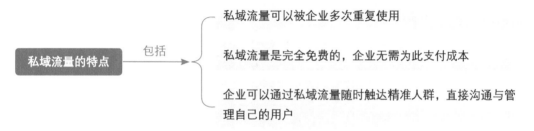

图1-5 私域流量的特点

例如，对于微博来说，上"热门"后被所有微博用户看到，这里就是公域流量；而通过自己的动态页面，让自己的粉丝看到微博内容，这就是私域流量，如图1-6所示。

图1-6 微博的个人粉丝是属于自己的私域流量

据悉，微博2019年3月的月活跃用户数达到4.65亿，平均日活跃用户数达到2.03亿。企业和自媒体人可以通过微博来积累和经营自己的粉丝流量，摆脱平台的推荐和流量分配机制，从而更好地经营自己的资产，实现个人价值和商业价值。

对于公域流量来说，私域流量是一种弥补其缺陷的重要方式，而且很多平台还处于红利期，可以帮助企业和自媒体人补足短板。

1.1.2 私域流量为什么火了？公域流量的衰退

如今，国内的互联网用户数量已经超过10亿，这与总人口数量非常接近，可以这样说，每个人都已经身处网络之中了，公域流量已经趋于饱和状态。移动互联网商业智能服务商QuestMobile发布的数据显示，2019年3月我国移动互联网月活用户规模已经达到11.38亿，如图1-7所示。

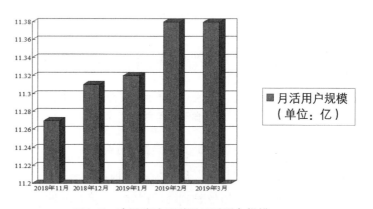

图1-7 我国移动互联网月活用户规模

然而，由于各行业的竞争不断加剧，流量获取成本不断上涨，获客越来越难。正所谓穷极思变，大家都要努力改变思路，挖掘更多的新流量，想方设法提升已有流量的价值。于是，私域流量开始流行，逐渐成了众人追捧的对象。

私域流量之所以能够火爆，其实它是公域流量开始衰退的表现。例如，某个餐厅开在一条人流量非常大的商业街上，这条商业街每天的人流量可以达到2万，每天有5%的人会看到这个餐厅，也就是1000人。其中，又有20%的人会停下来看一看门口的菜单和价格表，也就是200人。最后真正进店吃饭的人，可能只有50%，也就是100人。因此，即使这条商业街的流量非常大，但餐厅最终得到的顾客却只有100人，仅占到了总流量的0.5%。

同时，从这个案例中，我们可以看到公域流量的一些操作特点和问题。

（1）引流方法：餐厅可以通过打折促销活动吸引顾客进店消费。

（2）流量特征：用户是一次性的、随机性的消费，流量不可控。

（3）支付成本：要想让餐厅被更多人看到，商家就需要租一个好的地段，这样租金肯定更高，因此获客成本和运营成本都比较高。

例如，阿里巴巴2013年的获客成本为50.89元，到了2017年，获取一名新用户的成本已经涨到了226.58元，4年的涨幅达到了近3.5倍。因此，从电商平台到新媒体平台，私域流量模式逐步开始爆发。

所以，大家一定要善于打造个人品牌或IP（Intellectual Property的缩写，即知识产权），将各种公域流量导入到自己的个人微信号中，同时通过社群来运用这些私域流量，培养与粉丝的长久关系，让自己的生意和事业能够保持长青。

1.1.3 商业价值：采用私域流量模式有何好处？

打造私域流量池，就等于你有了自己的"个人财产"，这样你的流量会具有更强的转化优势，同时也有更多的变现可能。下面介绍私域流量模式的商业价值，探讨这种流量模式对大家究竟有哪些好处。

1. 让营销成本直线降低

以往我们在公域流量平台上做了很多付费推广，但是却并没有与这些用户产生实际关系。例如，拼多多商家想要参与各种营销活动来获取流量，就需要交纳各种保证金，如图1-8所示。但是，即使商家通过付费推广来获得流量，也不能直接和用户形成强关系，用户在各种平台推广场景下购买完商家的产品后，又会再次回归平台。所以，这些流量始终被平台掌握在手中。

图1-8　拼多多的保证金系统

其实，这些付费推广获得的用户都是非常精准的流量。商家可以通过用户购买后留下的个人信息，如地址和电话号码等，再次与用户接触，甚至可以通过微信来主动添加他们，或者将他们引导到自己的社群中，然后再通过一些老客维护活动来增加他们的复购率。

同时，这些老客的社群也就成了商家自己的私域流量池，而且商家可以通过朋友圈的渠道来增加彼此的信任感，有了信任就会有更多的成交。这样，以后不管是推广新品，还是做清仓活动，这些社群就成了一个免费的流量渠道，你就不必再花钱做付费推广了。

因此，只要我们的私域流量池足够大，完全可以摆脱对平台公域流量的依赖，这也让我们的营销推广成本大幅降低。

除了电商行业外，对于实体店来说道理也是相同的，商家可以通过微信扫码领优惠券等方式来添加顾客的微信。这样，商家可以在以后做活动或者上新时，通过微信或者社群来主动联系顾客，或者发朋友圈来被动展示产品，增加产品的曝光量，获得更多的免费流量。

例如，海尔作为传统企业，在交互性强、互联网大爆炸的时代，进行了一次史无前例的组织变革，目标是将僵硬化的组织转为社交性强的网络化组织。海尔在组织进行网络化的同时，建立起一个社群型组织。

海尔的社群运营核心是"情感"，但是对于企业来说，"情感"是一个与用户进行价值对接的界面，并不能与社群用户产生高黏度的衔接，毕竟"情感"往往是脆弱的，容易被击破。

然而，海尔看清了这一点，开始与粉丝互动，让粉丝不再只是粉丝，而是参与者、生产者，是真正与品牌有连接的、与品牌融合的一部分。其中，"柚萌"就是由海尔U＋发起，以实现更美好的智慧家居生活体验为宗旨的社群，如图1-9所示。

图1-9　海尔U＋"柚萌"社群

　　对个人而言，可以通过社群轻松与企业交流，通过有效的推荐机制，能迅速找到好的产品及众多实用资讯。

　　对企业而言，私域流量下的社群可以节省大量的推广费用，好的产品会引发社群用户的自发分享行为，形成裂变传播效应。同时，企业可以通过运营私域流量，与用户深入接触，更加了解用户的需求，打造更懂用户的产品。

2. 让投资回报率大幅提升

　　公域流量有点像大海捞针，大部分流量其实是非常不精准的，是会被白白浪费掉的，因此整体的转化率非常低。而这种情况在私域流量平台是可以很好地规避掉的，私域流量通常都是关注你的潜在用户，获客成本非常低，平台的转化率极高。下面笔者做了一个对比，让大家对公域流量和私域流量的范围、精准性有更好的了解，如图1-10所示。

公域流量　　　　　　　　　　**私域流量**

在一条繁华的商业街　　　　　　在自己的店铺中寻找
上面寻找目标用户　　　　　　　目标用户

图1-10　公域流量和私域流量的举例说明

　　结果显而易见，既然用户都走到自己的店铺中，那么他必然是比大街上的人有更大的消费意愿的，因此商家更容易与他们达成成交，所以私域流量的投资回报率自然也会更高。

　　同时，只要你的产品足够优质、服务足够到位，这些老客户还会无偿成为你的推销员，他们也会乐于分享好的东西，以此证明自己独到的眼光。这样，商家就可以通过私域流量来扩大用户规模，提升价值空间。

3. 避免已有的老客户流失

除了拉新外，私域流量还能够有效避免老客户的流失，让老客户的黏性翻倍，快速提升老客复购率。在私域流量时代，我们不能仅仅依靠产品买卖来与用户产生交集，如果你只做到了这一步，用户一旦发现品质更好、价格更低的产品，他会毫不留情地抛弃你的产品。

因此，在产品之外，我们要与用户产生情感羁绊，打造出强信任关系。要知道人都是感性的，光有硬件的支持是难以打动用户的；再者，用户更加注重的是精神层面的体验。

因此，我们要想打造、打响自身品牌，推销产品，就应该在运营私域流量时融入真情实感，用情感来感化用户，重视情感因素在营销中的地位。最重要的是，了解用户的情感需求，引起其共鸣，使用户不断加深对企业和产品的喜爱之情。

例如，银川恒大嘉凯影城就经常会在微信公众号中举行一些活动来唤起新老用户的情感认同，以实实在在的行动为广大用户带来实际的利益。图1-11所示为银川恒大嘉凯影城推出的系列线上线下活动。

图1-11　银川恒大嘉凯影城用系列活动赢得新老用户的情感认同

银川恒大嘉凯影城这一行为既充满了智慧，又十分靠谱，它抓住了广大消费者对产品和品牌的情感需求，既赢得了无数用户的关注，同时也击中了一些老客户的情感痛点。如此一来，银川恒大嘉凯影城就顺利地得到了用户的情感肯定，从而为打造品牌口碑埋下伏笔。

　　在体验中融入真实情感是企业打造完美的消费体验的不二之选，无论是从消费者的角度，还是从企业的角度，都应该认识到情感对产品的重要性。为了树立产品口碑，向更多老客户推销新产品，用情感打动人心虽然不易，但只要用心去经营，得到的效果是深远而持久的。

　　也就是说，私域流量绝不是一次性的成交行为，用户在买完产品后，还会给我们的产品点赞，也可以参加一些后期的活动，以此来加深彼此的关系。这种情况下，即使对手有更好的价格，用户也不会轻易抛弃你，因为你和他之间是有情感关系的。甚至用户还会主动给你提一些有用的建议来击败竞争对手。

　　因此，我们一定要通过私域流量平台的互动，积极连接用户。例如，淘宝的微淘动态（见图1-12）就是一种不错的互动方式，商家可以通过直播、短视频和图文等内容形式，增强老客户的稳定性，使其更难流失。

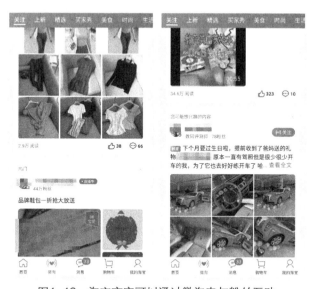

图1-12　淘宝商家可以通过微淘来与粉丝互动

4、对塑造品牌价值有帮助

　　塑造品牌是指企业通过向用户传递品牌价值来得到用户的认可和肯定，以达到维持稳定销量、获得良好口碑的目的。通常来说，塑造品牌价值需要企业倾注很大的心血，因为打响品牌不是一件容易的事情，市场上生产产品的企业和商家千千万万，能被用户记住和青睐的却只有那么几家。

品牌具有忠诚度的属性，可以让用户产生更多的信任感。通过打造私域流量池，可以让品牌与用户获得更多接触和交流机会，同时为品牌旗下的各种产品打造一个深入人心的形象，然后获得源源不断的用户，成功打造爆品。

以丹麦的服装品牌ONLY为例，其品牌精神为前卫、个性十足、真实、自信等，很好地诠释了自身产品的风格所在。同时，ONLY利用自身的品牌优势在全球开设了众多店铺，获得了丰厚的利润，赢得了众多消费者的喜爱。

5．激励客户重复购买，形成终身价值

私域流量是属于我们自己个人的，和平台的关系不大。这就是为什么很多直播平台要花大价钱签"网红"主播，因为这些"网红"主播自带流量，直播平台可以通过与他们签约来吸收他们自身的私域流量。

例如，知名电竞选手、游戏解说、主持人韩懿莹（游戏ID：Miss）被称为"电竞女王"，微博粉丝突破千万，在微博上的互动率非常惊人，如图1-13所示。

图1-13　韩懿莹的微博

同时，韩懿莹还是虎牙直播的签约主播（Miss大小姐），在该平台上的订阅用户数也达到了800多万（见图1-13），这其中的流量具有高度的重叠性。据悉，虎牙直播平台当年签约韩懿莹花了三年一亿元的成本。

图1-14 韩懿莹的虎牙直播主页

对于这些"网红"来说，她们的私域流量是可以跨平台和不断重复利用的，这一个好处自然也会延伸到其他领域，这些粉丝的忠诚度非常高，可以形成顾客终身价值（Customer Lifetime Value）。

1.1.4 思维转变：从流量思维转化为用户思维

私域流量绝不是简单的通讯录好友名单，而是具有人格化特征的流量池，每个私域流量池都具有自己的标签，这个标签也是由流量主赋予的，而流量主则可以反复地利用这些私域流量。

当然，要做到这一点，我们需要改变以往的流量思维方式。互联网时代奉行的是"流量为王"，而私域时代的核心是强调"用户关系"，因此，我们要学会利用用户思维来运营私域平台的流量，如图1-15所示。

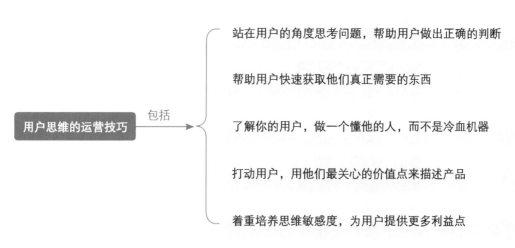

图1-15 用户思维的运营技巧

用户思维的关键在于获得用户信任，让你的私域流量池能够具有人格化特征。因此，私域流量池的打造也要学会掌握用户思维，切实从用户角度出发，把握自身用户群体的心理和需求。

专家提醒

> 我们要运用用户思维，就要注意分析用户群体喜欢什么、需要什么，因为他们的喜好代表了大部分人的喜好。只有深入到广大普通用户中去，才能打造出大多数人喜欢的产品和内容，才能赢得粉丝青睐。

例如，"手机摄影构图大全"公众号创始人构图君是一位构图分享者，为大家原创了300多篇构图文章，提炼了500多种构图技法，不仅数量很多，而且非常有深度，通过摄影构图这个细分场景来打造私域流量池，聚集爱好手机摄影的用户，如图1-16所示。为了让大家省心省时，利用碎片化的时间系统学习构图，构图君不仅每天在公众号上面分享文字，而且还从各个角度，为大家策划主持编写了多本摄影图书，如《手机摄影大咖炼成术》《手机旅行摄影》以及《手机摄影：不修片你也敢晒朋友圈》等，解决不同场景下社群用户的摄影难点和痛点。

另外，对于没有时间看书的用户，构图君还通过手机微课直播来传递摄影知识、筛选干货、分享精华内容以及和粉丝进行交流沟通，如图1-17所示。不管是公众号还

图1-16　"手机摄影构图大全"公众号

图1-17　构图君的微课直播

是微课，构图君都聚集了一大批忠实粉丝。

"贴着标签的人"是用户思维的基础。所谓"贴着标签的人"是指忠实粉丝和有共同兴趣爱好的一群人。在构图君的私域流量池中，内容传播就是图片、文章以及直播等摄影知识的传递，用户运营就是公众号、微信群以及朋友圈等媒介的引流，而商业场景则是图书、电子书以及直播等变现渠道。

当私域流量池与用户思维相融时，已经没有了"广告"，社群成员觉得，产品的存在是为了解决自己的需求，社群里推送的消息是为了解决自己的问题，是便利生活的需要。所以，在私域流量池＋用户思维的融合下，一定是精选的产品、有创意的产品、能触发消费者情感的产品，为解决以后场景需求而生，触发社群成员的情感，回归到商业的本质。

私域流量是个人、企业、品牌、产品或者IP所拥有的免费流量，同时流量主拥有这些流量的自主控制权，而且能够反复利用。但是，私域流量的基础在于用户思维，基本要求是满足用户的体验需求，终极要求是让用户惊喜。因此，我们也需要及时纠正思维，将流量获取升级到用户留存，只有做到这些，你的私域流量池才能越来越大，越来越稳定。

1.1.5 私域流量的变迁：更加精细化、移动化

随着移动互联网的发展，人们的时间越来越碎片化，这也导致了私域流量呈现出精细化和移动化的发展趋势。图1-18所示为私域流量的变迁过程。

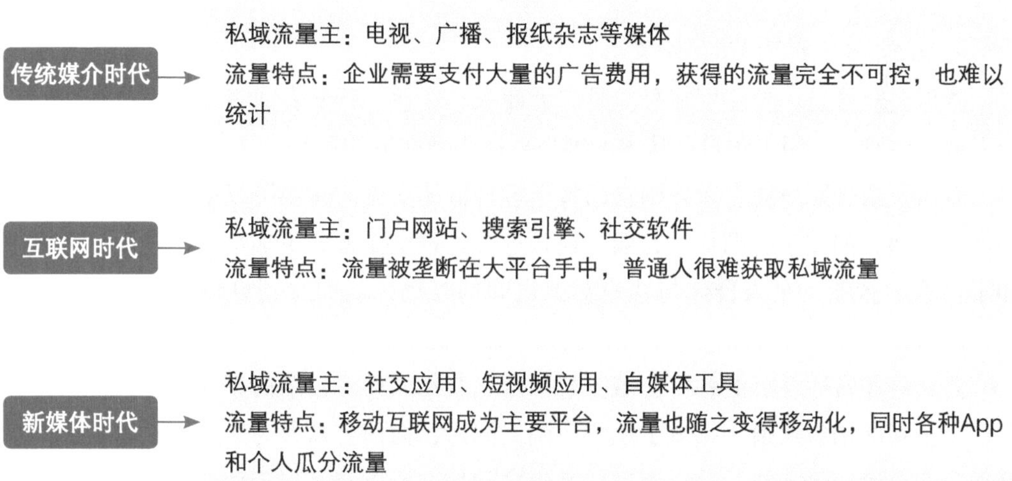

传统媒介时代 ➡ 私域流量主：电视、广播、报纸杂志等媒体
流量特点：企业需要支付大量的广告费用，获得的流量完全不可控，也难以统计

互联网时代 ➡ 私域流量主：门户网站、搜索引擎、社交软件
流量特点：流量被垄断在大平台手中，普通人很难获取私域流量

新媒体时代 ➡ 私域流量主：社交应用、短视频应用、自媒体工具
流量特点：移动互联网成为主要平台，流量也随之变得移动化，同时各种App和个人瓜分流量

图1-18　私域流量的变迁过程

在新媒体时代，每个人都可以拥有自己的私域流量，获得流量的方式也从过去的传统广告变成了内容营销。对于打造私域流量池来说，其中很重要的一个方向就是从内容的生产上下功夫。

随着各种内容的出现，在不同领域诞生了各式各样的"网红"，他们不断分裂和细化私域流量，让私域流量朝着更加垂直细分的领域发展。

1.2
玩法探究：微信生态建立私域流量矩阵

根据腾讯公布的2019年第四季业绩报告显示，微信及WeChat的合并使月活跃账户数达11.648亿，QQ的智能终端月活跃账户数为6.47亿。毫无疑问，微信已经成为国内最大的社交媒体，也是我们运营私域流量的最佳平台。其中，我们在微信上添加的好友都可以称为微信私域流量。

同时，微信的商业体系被用户不断挖掘，这也为私域流量的价值带来了更多想象空间。通过微信这个社交媒体的"微信号＋公众号＋微信群＋小程序"等渠道，我们可以打造私域流量矩阵，将自己的产品、服务或者品牌理念非常快捷地触达用户，实现引流和变现。

1.2.1 公众号：适合沉淀粉丝

微信公众号是一种应用账号，是广大商家、企业、开发者或者个人通过在微信公众平台上注册一个用于跟自己特定的客户群体沟通交流的账号。

微信公众号账户拥有者在跟自己特定客户群体交流的时候可以采用多样的方式去交流、沟通，如文字、图片、音频、视频等，这种交流方式更加生动、全面，大大增加了商家、企业、个人群体与客户对象之间的互动，从而得到更好的交流效果。因此，微信公众号成了各商家、个人打造私域流量的重要平台。

公众号非常适合沉淀各个公域流量平台上获得的粉丝，给商家、企业的营销提供了一个全新的销售渠道，拓宽了销售范围。同时，微信公众号为广大商家提供了信息管理、客户管理等功能，使得商家与客户之间的交流以及客户管理变得更简单，交流性、互动性也变得更强，在很大程度上增加了客户的黏性。

　　例如，人们在一家服装店中购物，通常是买完衣服就直接付款走人，这些人对于服装店老板来说就是公域流量。此时，服装店老板可以在店内贴一些海报，如关注公众号领优惠券福利等，将公域流量转化为私域流量，然后通过公众号的运作来获得更多盈利机会，如图1-19所示。

图1-19　服装店的公众号运营示例

　　商家可以通过在微信公众号上发布文章、图片等方式吸引关注者的点击与阅读，从而获得流量，然后再将这些流量引到微信或者产品店铺内，进而促成商品的交易。同时，在微信公众号的后台还有一个推广功能，商家可以通过这个推广功能获取更多的流量。

1.2.2 个人号：信息的强触达

　　微信个人号在打造私域流量池方面有独特的优势，具体如图1-20所示。

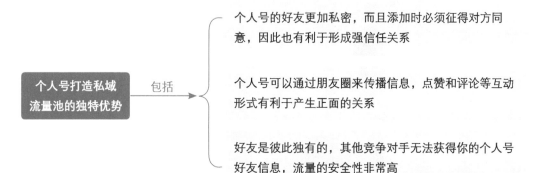

图1-20　个人号打造私域流量池的独特优势

我们可以通过个人号将信息强行发布给好友，好友只要没有将你拉黑或删除，都会接收到信息，如图1-21所示。因此，只要你的私域流量池足够大，就不需要再花钱去打广告了。

图1-21　通过个人号发布信息

除了直接的聊天方式外，个人号还有一个非常重要的宣传渠道，那就是朋友圈。发朋友圈有3种方式，一种是发纯文字，第二种是发送图文结合的内容，第三种是发送视频内容。建议大家平时发布朋友圈内容时，最好是采用图文结合的方式，图文结合的内容会比单纯的文字更加醒目、更加吸引人，蕴含的信息量也更大。

图1-22所示为采用图文结合的方式发布产品营销信息，发图的数量都是比较讲究的，如4张、6张、9张都是标准的发图数量。

图1-22　采用图文结合的方式发布的产品营销信息

专家提醒

一般来说，微信朋友圈只有6行能直接展示文字，我们最好利用前三行来吸引好友的目光，将重点提炼出来，让大家一眼就能扫到重点，这样才能使他们有继续看下去的欲望。若发布的内容太长，就会发生"折叠"的情况，只显示前几行的文字，而好友必须点击"全文"才能看余下的内容。

微信作为一个社交平台，人们更愿意接受碎片式阅读，不喜欢那种长篇累牍式的文字。因此，通过朋友圈运营私域流量时，不要让自己朋友圈的内容太过冗长，如果有很长的内容，建议提炼其中的重点，让人可以一目了然。

1.2.3 微信群：社群的活跃度

要保存社群的活跃度，就需要多与群内的用户互动交流。因此，学会与用户进行交流是运营社群私域流量的首要步骤，继而打造信息体系，进行社交营销和客户服务，实现个体的信息交互。

用户的信息交互过程是根据目标用户群体和行业业务特征来制定的，一般而言可以分为3种阶段，如图1-23所示。

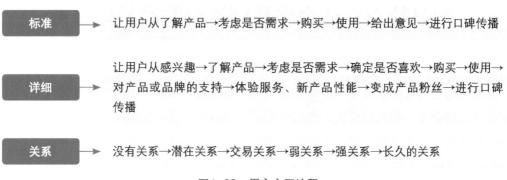

图1-23 用户交互流程

对于线下实体商家来说，可以通过门店二维码引流的方式，让上门消费的顾客添加商家微信号，然后商家将这些顾客都拉到一个群中。商家在社群的日常运营中，可以发布一些促销活动信息以及新品信息等，以此来吸引顾客再次下单。

当然，社群管理者还需要加强用户体验，对于企业或商家来说，微信群的主要功能在于发布产品或服务的优惠信息，刺激社群中的用户消费，最终下单还是需要通过小程序、微店或者其他电商渠道来完成，如图1-24所示。

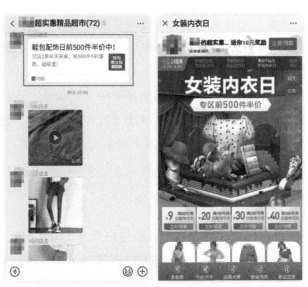

图1-24　社群最终要通过电商渠道来实现成交

1.3

产品特点：适合做私域流量的产品或服务

私域流量要想实现变现，最终还是需要产品来进行承接，因此，这种流量模式非常适合品牌商家，如在线课程、食品水果、日用百货、数码家电、母婴玩具、服装鞋包、餐饮外卖、生活服务以及文化旅游等。那么，适合做私域流量模式的产品或服务有哪些具体的特点呢？

1.3.1 高频次、复购率高

前面介绍过，私域流量有一个显著特点，那就是"一次获取，反复利用"。因此，商家可以选择一些消费频次和复购率都比较高的产品，吸引用户长期购买，提升老客户黏性，具体的产品类型如图1-25所示。

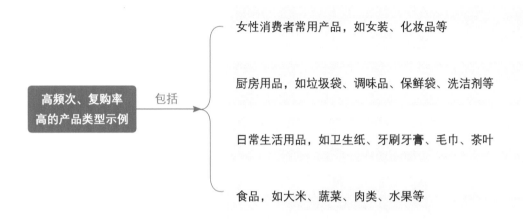

图1-25　高频次、复购率高的产品类型示例

　　在私域流量模式下，商家的大部分利润都来自老客户，所以商家要不断提升产品竞争力、品牌竞争力、服务竞争力和营销竞争力，促进客户的二次购买，甚至实现长期合作。要做到这一点，关键就在于货源的选择，商家必须记住一句话，那就是"产品的选择远远大于盲目的努力"，因此，要尽可能选择一些能够让粉丝产生依赖的货源。

1.3.2 知识付费产品服务

　　知识付费产品服务，其实质在于通过售卖相关的知识产品或知识服务，让知识产生商业价值，变成"真金白银"。在互联网时代，我们可以非常方便地将自己掌握的知识转化为图文、音频、视频等产品/服务形式，通过互联网来传播并售卖给受众，从而实现盈利。随着移动互联网和移动支付技术的发展，知识变现这种商业模式变得越来越普及，帮助知识生产者获得了不错的收益和知名度。

　　随着人们消费水平的提高，消费观念和消费方式产生了质的改变，尤其是随着各种新媒体渠道的出现和自媒体领域的兴起，人们产生了新的阅读习惯和消费习惯，并逐渐养成了付费阅读的良好习惯。

　　在私域流量浪潮下，很多有影响力的"大V"也通过公众号和社群等渠道，来售卖自己的知识付费产品，从粉丝身上获取收入，从而快速实现变现。例如，Spenser公众号创始人陈立飞，其代表作品包括《个体崛起》《优秀的人，都敢对自己下狠手》等，微信公众号拥有60万粉丝。从Spenser的公众号简介中，我们可以看到他将自己的标签定位为"职场"和"金融"，如图1-26所示。

图1-26　Spenser公众号和文章

　　其中，《没事别想不开去创业公司》这篇文章甚至引发大规模传播和讨论，获得了200万＋的阅读量。2017年2月，Spenser发布的《15天写作技能升级》在线课程，在两天内收到4000＋的用户付费，营收超过200万元，并掀起了一阵互联网写作热潮，同时让Spenser一跃成为日入过百万的公众号写手。

　　很多人都在抱怨公众号的红利期已过，自己没来得及抓住时，Spenser却通过公众号不断地提升品牌势能。同时，Spenser拥有多元化的变现方式和付费渠道，不仅利用视频课程实现内容付费，更善于通过新颖的直播等内容形式实现知识付费。

　　通过上面的案例可以明白付费阅读这一个道理。对于粉丝来说，Spenser的课程不仅是一个简单的写作课，而是一个具有极强个人色彩和品牌的课程。他们的购买，本质上是对Spenser这个个人品牌的信任与认可，而这个自品牌是建立在Spenser优质的知识产品基础上的。

1.3.3　具备话题感的产品

　　如果一个产品登上了头条，它的火热程度自然不言而喻。为了吸引众多的用户流量引爆产品，制造话题占据头条不失为一个绝佳的方法。因此，具备话题感的产品非常适合做私域流量。

　　话题感的产品本身就具备强大的社交属性，极容易在你的社群中引发强烈反响。其中，抖音的话题玩法就是目前非常流行的营销方式。大型的线下品牌企业可以结合抖音的POI（一种功能，可理解为地址定位）与话题挑战赛来进行组合营销，通过提炼品牌特色、找到用户的"兴趣点"来发布相关的话题，这样可以吸引大量感兴趣的用户参与，同时让线下店铺得到大量曝光，而且精准流量带来的高转化也会为企业带来高收益。

例如，四川的"稻城亚丁"是一个非常美丽的景点，因其独特的地貌和原生态的自然风光，吸引大批游人前往观光。基于用户的这个"兴趣点"，有人在抖音上发起了"#旅行，稻城亚丁"的话题挑战，如图1-27所示。此时，线下商家可以邀请一些"网红"参与话题，并发布一些带POI地址的景区短视频，如图1-28所示。

图1-27　"#旅行，稻城亚丁"的话题挑战　　图1-28　带POI地址的景区短视频

对景区感兴趣的用户看到话题中的视频后，通常都会点击查看，此时进入到POI详情页即可看到商家的详细信息。这种方法不仅能够吸引粉丝前来景区打卡，而且还能有效提升周边商家的线下转化率。

在抖音平台上，只要有人观看你的短视频，就能产生触达。POI拉近了企业与用户的距离，在短时间内实现最大流量的品牌互动，方便品牌进行营销推广和商业变现。而且POI搭配话题功能和抖音天生的引流带货基因，也让线下店铺的传播效率和用户到店率得到提升。

专家提醒

　　POI最大的作用在于可以叠加线上流量池和线下客流，也就是说，POI不仅可以从线上向线下导流，而且可以让线下体验反哺线上内容，加速从曝光到转化的进程，把流量转化为店铺的销售业绩。

1.3.4 线下实体流量转化

　　线下实体店可以推出一款不以盈利为目的的引流产品，先把用户吸引过来，然后商家可以添加他们的微信来实现流量转化，或者引导他们消费其他产品，从而实现直接盈利。例如，在很多餐厅门口的海报上，经常可以看到有一款特价菜，就是采用这种推广方式。

　　例如，随着社群时代的来临，海底捞看中了微信的市场，于是通过微信社群来转化私域流量，吸引用户到店消费。在做微信社群营销之后，海底捞更是把极致服务从线下提升到了公众号线上平台，如图1-29所示。用户可以通过微信公众号实现预订座位、送餐上门，甚至可以去商城选购底料。例如，如果用户想要外卖，只需要输入送货信息，就可以坐等美食送到嘴边。

图1-29　"海底捞火锅"公众号

裂变吸粉：
增强互动，提高黏性和转化

　　私域流量不是一潭死水，当流量主和粉丝成为有关系的好友后，可以通过各种社交互动方式，不断让彼此的关系更深入，让信息的流动性更强，让粉丝对你产生信任和购买。只要粉丝的用户体验足够好，他们就会主动帮你去传播，从而实现以老带新的裂变吸粉效果。

2.1
构建数据池：存量变增量，流量成留量

　　《连线》（WIRED）杂志创始主编凯文·凯利（Kevin Kelly）提出了"一千个铁杆粉丝理论"，他认为："任何创作艺术作品的人，只需拥有1000名铁杆粉丝，也就是无论你创造出什么作品，他/她都愿意付费购买的粉丝，便能糊口。"其实，这句话和微信公众号的Slogan（可理解为品牌口号、广告语）道理是一样的（见图2-1）：其实我们远远不用像明星那样光芒耀眼，只需要得到很少的铁杆粉丝的支持，就能够很好地生存下去。

图2-1　微信公众号的Slogan

　　如今，打造个人品牌已经不再是那些大明星、名人和企业家的福利，每个人都可以通过互联网用自己的"绝活"来吸引观众，通过给大家分享有价值的内容，最终实现粉丝经济变现。

　　私域流量的出现，打破了传统的商业逻辑，产品买卖不再是一次性的交易。商家可以通过各种私域流量平台来吸引粉丝，并且聚集和沉淀产品的目标消费人群，同时将这些用户转化为自己的铁杆粉丝，构建数据池。

　　另外，随着信任关系的不断增强，我们还可以用存量来带动增量，并且将流量转化为"留量"。"留量"指的是私域流量池中留下的有深度互动的客户资源，如果粉丝人群是流量的表现，那么铁杆粉丝就是"留量"的代表。

2.1.1 主动引流：传统加好友方式

在粉丝经济时代，粉丝即人气、粉丝即市场、粉丝即价值，粉丝是私域流量运营中的重中之重。要想快速获得粉丝，我们需要主动引流，掌握一些传统的微信加好友方式。

1. 通过个人信息添加好友

如果你知道对方的个人信息，如手机号、QQ号或者微信号等，则可以直接在微信的"添加朋友"搜索框中输入这些账号，然后点击"添加到通讯录"按钮，即可申请添加对方为好友，如图2-2所示。

图2-2　通过手机号添加好友

需要注意的是，在进行接下来的"验证申请"操作时，用户最好输入一个合适的添加理由，避免被对方拒绝，如图2-3所示。如果双方已经见面，还可以通过"扫一扫"识别二维码名片来添加好友，这样更加快捷，如图2-4所示为通过"扫一扫"添加的好友。运营者可以把QQ号或手机号设成微信号，这样更利于沟通和添加。

图2-3　设置验证申请　　　图2-4　通过"扫一扫"添加的好友

　　当运营者在某个场合同时认识很多人时，这时候如果逐个去扫二维码或者搜账号添加好友，就需要耗费很多的时间。因此，运营者要学会使用更便捷的方式来提高添加好友的效率。

　　微信上有一个便捷的工具是"雷达加朋友"，这个工具能够同时添加多人，这对于运营者在进行多人聚会等活动时加好友很有帮助。进入"添加朋友"界面，然后点击"雷达加朋友"选项，即可显示"雷达加朋友"界面。运营者在使用"雷达加朋友"添加朋友时，需要大家同时开启"雷达加朋友"，然后就可以依次添加搜索到的人，雷达可以反复开启，直到所有人都添加完为止，如图2-5所示。

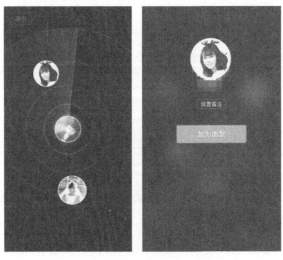

图2-5　使用"雷达加朋友"添加好友

目前，微信基本上就是网络上的联系方式了，有很多用户在各种网络平台上留下自己的微信号，这些人可能会有不同的需求，但他们都希望自己的微信号被其他人添加。因此，运营者可以在网络上寻找这种与产品相关的微信号，主动出击，添加他们为好友。

2. 通过微信功能添加好友

另外，如果你不知道对方的个人信息，那么还可以通过微信的一些基本功能来添加陌生好友，比较常用的有"摇一摇"、"附近的人"等方式。

"摇一摇"是微信里一个很有趣味的交友功能，它是宅男、宅女进行网上聊天和交友的利器，微信营销者可以通过"摇一摇"的方式，利用这部分人的好奇心与交友欲将产品宣传出去。

进入微信下方的"发现"界面，点击"摇一摇"按钮；进入"摇一摇"界面后，选定"人"选项，摇一摇手机即可搜索到此时一起玩"摇一摇"的用户，然后与系统匹配的用户交流就可以了，如图2-6所示。

"附近的人"就如同它的名字，指搜索附近的人，系统除了显示附近用户的姓名等基本信息外，还会显示用户签名档的内容，运营者也可以用这个来进行引流、吸粉。进入微信下方的"发现"界面，点击"附近的人"按钮，确定和设置运营者的地理位置。确定获取地理位置后，"附近的人"就会自动搜索距离较近的人，微信运营者就可以和他们打招呼了，如图2-7所示。

图2-6 使用"摇一摇"加好友　　图2-7 使用"附近的人"加好友

专家提醒

　　如果运营者的目标用户是女性群体，可以选择"只看女生"；如果面向的是男性群体，则可以选择"只看男生"；不限制搜索群体则可以点击"查看全部"按钮。"附近打招呼的人"是对方已给你发了微信信息的人，如果不想查看"附近的人"，也不想被别人查找到时，点击右上角的"清除位置信息并退出"即可。

2.1.2 鱼塘理论：找到精准用户群

　　当然，上面这些传统的加人方法有一个非常明显的弊端，那就是效率非常低，而且加来的用户也不一定是我们需要的，流量的精准性并不强。因此，我们可以利用"鱼塘理论"来找到精准用户群，这样不仅效率高，而且流量非常精准。"鱼塘理论"认为，精准用户就像是一条条游动的鱼，他们聚集的地方就像是鱼塘。

　　那么，如何才能找到这个"鱼塘"呢？微信中千千万万的微信群其实就是一个个"鱼塘"，我们可以主动搜索这些微信群或QQ群，然后根据自己的市场定位针对性地加人吸粉。下面介绍一些有效的"鱼塘"加人渠道。

1. 通过微信搜索找群

　　运营者可以通过微信的搜索功能来找群，进群后可以逐个添加群友，将其转化为自己的私域流量。例如，你的目标人群是摄影爱好者，可在微信搜索框中输入"摄影群聊"或者"摄影群加入"等关键词，即可出现相关的文章列表，文章中通常会有群主的微信号或者二维码，运营者可以加他们拉你入群，如图2-8所示。

图2-8　通过微信搜索找群

专家提醒

在搜索结果的文章下方会显示具体的发布日期，运营者尽量找近期的文章去看，日期太久的文章可能其中的内容已经过期了。

微信找群不像QQ那么方便，可以通过关键词直接搜索到群聊，微信需要群内的成员拉我们进去。如果群主设置了加人权限，则只能通过群主来拉我们进入。

2. 通过公众号找群

运营者也可以通过"微圈微帮助小助手"公众号来找群，如图2-9所示。关注该公众号后，可以在底部菜单中选择查看"每日新群"或者"附近群"。例如，点击"附近群"按钮，即可打开"查询小助手"小程序，在此可以看到各种同城群、微商群、宝妈群、游戏群等，选择合适的加入即可，如图2-10所示。

图2-9 "微圈微帮助小助手"公众号　　图2-10 "查询小助手"小程序

3. 通过豆瓣小组找群

运营者可以进入豆瓣小组平台，在搜索框中输入"××微信群""××交流群"或者"××入群"等关键词，找到相关的"小组"，如图2-11所示。

图2-11　通过豆瓣小组找群

　　选择合适的"小组"点击进入后，在"讨论"区经常可以看到其他用户发布的微信群二维码或者群主微信号等，此时我们可以直接扫码进入，或者联系群主让其拉我们进群。

4．通过搜狗搜索找群

　　搜狗搜索有一个微信搜索功能，其功能与微信App的搜索功能非常类似，运营者可以在此搜索相应的关键词来找微信群，如图2-12所示。建议运营者设置一下搜索工具，选择近期的时间来筛选搜索结果，太久的信息中的群聊可能都已经满了，建议选"一个月"以内的日期。

图2-12　通过搜狗搜索找群

5. 通过微博找群

打开微博主页，在搜索框中搜索相应的进群关键词，如图2-13所示。然后在选择搜索结果的文章中，即可找到一些相关微信群二维码。

图2-13 通过微博找群

6. 通过腾讯课堂找群

运营者可以在腾讯课堂找到一些与自己领域相关的付费课程，每个课程的详情页中都会有QQ群联系方式，而且还有很多课程会留下老师的微信号，引导大家扫码加入相关学习群，如图2-14所示。

图2-14 通过腾讯课堂找群

7. 通过百度搜索找群

运营者可以在百度搜索框中输入"关键词+微信群"来搜索相关的微信群，这个渠道找群的效率比较高，如图2-15所示。

图2-15　通过百度搜索找群

8．通过线下活动找群

运营者可以去一些线下活动社区找群，如活动行、互动吧、活动树等平台。例如，在活动行平台上可以选择自己所在的行业领域，查看近期的活动，如图2-16所示。通常活动举办者都会组织微信群，而且会在活动详情页中留下微信号等联系方式，运营者可以联系举办者入群。这种方法找群虽然比较麻烦，但是通过率会更高，而且精准性也很强。

图2-16　活动行平台

2.1.3 添加群友：添加群成员为好友

当我们找到并进入大量的精准微信群后，就可以添加群里面的成员为自己的好友，打造自己的私域流量池。当然，在添加群内成员时，还需要掌握一些技巧来提高通过率，如图2-17所示。

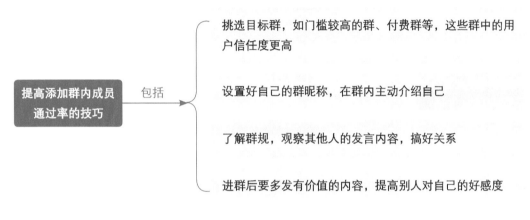

图2-17　提高添加群内成员通过率的技巧

在群内发布内容，运营者要注意如图2-18所示的几个方面。

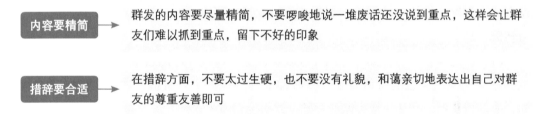

图2-18　群发的内容要注意的几个方面

专家提醒

运营者在群发的过程中，除了内容要精简、措辞要合适，还要注意群发的人称，要以第一人称群发，如果是在群里群发，就用"大家"之类的词语，如果是群发到每个人的微信号上，就不要用"大家"之类的词语，而要用"你"这类的词语，这样就会让人感觉你只是在和他一个人说话，会显得更加重视对方。

2.1.4 维护关系：日常维护也很重要

当我们添加了群内的好友后，切不可置之不理，一定要多与他们进行互动交流，下面介绍一些相关技巧，如图2-19所示。

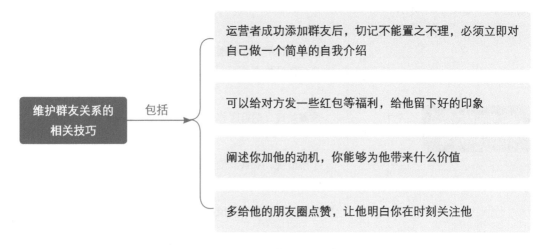

图2-19　维护群友关系的相关技巧

运营者一定要注意不要急功近利，可以把这种方式运用到收获一批精准粉丝上，而不要把这种方式运用到赚钱上，尤其是刚添加的好友。因为这个时候群友对运营者没有一个深度的解读和认同感，如果让他们觉得你哪里不好，就会马上对运营者"由粉转黑"。

所以，运营者不要把焦点聚集在赚多少钱上，而应该把焦点放在能够为群友们提供哪些会让他们满意的价值点上，只有你能够为他们带来价值，才能获得群友的认同，才能收获到一批又一批忠诚的粉丝，这对运营者未来的发展有很大的帮助。

2.2

利用现有流量裂变，实现流量增值

有经验的运营者都知道，拥有了一定的粉丝和人脉之后，要成功地推出产品并不难，但是，要如何将粉丝们有效地结合在一起，提高产品销量呢？笔者建议运营者创建一个微信粉丝交流群，交流群可以按照产品种类、客户兴趣、客户销量等情况进行分类，或者将所有的客户联系起来只建一个微信群。微信群可以作为运营者联系新老客户、粉丝的一个入口，运营者可以通过微信群将新产品、今日活动、优惠福利等优先通知到每一个客户，增加客户和粉丝黏性。

首先，运营者要意识到，老客户是非常重要的资产，除了主动引流构建数据池外，运营者也可以利用现有的老客户流量来快速裂变吸粉，实现流量增值。老客户不仅对品牌和产品有一定的认知度和认可度，还有一定的忠诚度。在竞争日益激烈的当今市场，一个老客户抵得过十个新客户，深挖一个老客户比开发一个新客户所需要的成本要低得多，很多品牌不得不依靠老客户来增加竞争力，所以运营者不能让这部分客户流失，而是要想办法让其增值。

其次，运营者可以利用已经成为粉丝的老客户来推广自己或自己的产品。因为每个人的微信里都有一些好友，且微信的私密性使得微信好友之间的信任度比较高，这就可以形成一个辐射状的流量裂变形式，让这些成为老客户的粉丝把你推荐给有需求的好友，然后快速地扩大你的私域流量池。

2.2.1 互动场景：增强体验

如今，微信中应用的技术已经越来越多，这增加了场景的可玩性，也是吸引用户参与互动和分享的动力所在。

因此，运营者可以通过构建互动场景来增强社群粉丝的用户体验。用户体验就是用户在体验场景的过程中，逐步建立起来的一种感受。当用户体验是良性的，就会促进用户对该场景的认可，良好的用户体验可以提高好评率；当用户体验是恶性的，就会导致用户离开这个场景。

无论是在设计互动场景时，还是在场景正式运作时，考虑用户体验都是一件十分重要的事情。通过用户的口碑式传播所获得的宣传引流效果，远比进行商业广告运作更加有效，成本也更加低廉。具体说来，为促进用户的互动场景体验，运营者可从以下3个方面着手，如图2-20所示。

| 打造痛点、痒点和尖叫点 | → | 好的互动场景体验可以让用户产生消费动机，更愿意在你的场景中买单，从而提升转化率。因此，运营者需要在场景中给用户舒适和贴心的体验，在解决用户痛点的基础上，带来更多的痒点和尖叫点，提升场景的核心竞争力 |

图2-20

| 增加关联场景 | → | 围绕用户的核心需求增加关联场景，例如足球社群，那么肯定都是足球爱好者，只有与足球相关的话题才能引导用户进行交流，让场景具备延续性。如果突然发个篮球的话题，虽然都是竞技性很强的体育项目，但跳跃性太强，对于场景与用户的关系增强没有太多帮助 |
| 用户主导场景 | → | 在用户至上的时代，在增加场景之前，要以用户为主导来决定是否需要增加，让用户有场景主人翁的角色感。要让用户主动找你来增加场景，而不是先增加场景再去找用户，否则很难激起用户的认同，无法在心理上引起他们的共鸣 |

图2-20　促进用户的互动场景体验的技巧

例如，《脑洞神答案》是由小米推出的一个"脑洞"游戏类的微信互动场景，通过5关"脑洞大开"的答题游戏，这具有一定的挑战性和互动性，当用户通关后，该场景还会引导用户登录小米账号进行抽奖，如图2-21所示。

如果用户想不出答案，也可以用提示，提示只有3次，用完后可以分享互动场景来获得提示次数，促进用户分享。整体来看，交互性最强的微信互动场景还是各种H5小游戏，可以快速吸引用户参与。

图2-21　《脑洞神答案》互动游戏

2.2.2 活动推广：有效互动

利用微信平台和用户互动是私域流量运营策略的一种，它具有很高的灵活性，运营者可以通过微信多发起一些有趣的活动，以此来调动用户参与活动的积极性，从而拉近彼此的距离。

活动策划一直是一件很重要的事，因为如果运营者经常推送同类或相似的消息，很容易让用户产生审美疲劳，只有新奇、有趣、适应潮流的活动才能让社群用户保持长久的活跃度。因此，运营者可以将日常消息和一系列有趣的活动交替推送，这样既能维持用户的新鲜感，又能增加平台的趣味性。下面介绍一些运营私域流量时常用的活动形式。

1. 微信签到

这种活动形式适合线上和线下各种场景，既可以让用户持续关注你的微信公众号，增大影响力，又能对产品起到宣传的作用。在用户签到的同时，建议可以累积积分，用来兑换相关的礼品或优惠券，以此调动用户的积极性，如图2-22所示。

图2-22 签到活动示例

2. 微信抽奖活动

运营者可以开发一些抽奖活动，自定义抽奖概率及奖品，也可以将产品周边的物品作为奖品，如图2-23所示，让受众积极参与到活动中，这样既能调动用户的情绪、聚焦人气，又能拉近用户与企业品牌之间的距离。

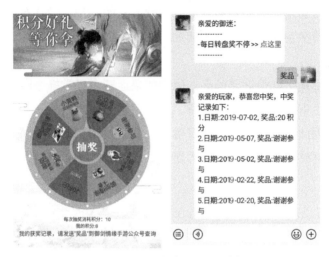

图2-23　微信抽奖活动示例

3. 转发朋友圈

在活动结尾处，运营者可以设置一些抽奖或者其他福利，吸引用户转发至自己的朋友圈，再由用户的朋友持续传递下去，实现裂变式传播。图2-24所示为"沙洋湖国际旅游度假区"在微信平台上开展的转发朋友圈抽奖活动，极具诱惑力的奖品吸引了大量的用户分享转发。

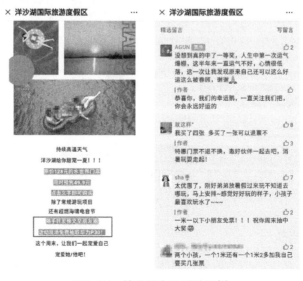

图2-24　转发朋友圈活动示例

4．线上线下整合

另外，实体店运营者也可以通过让用户扫描二维码，关注店铺在微信平台上发布的活动消息，如果他们对活动的奖品产生兴趣，就可以到线下实体店参与活动，然后领取奖品。当然，关注即送小礼品、转发有奖等活动也很受用户的青睐。图2-25所示为吉利汽车某4S店在公众号中举办的新品团购活动。

图2-25 线上线下整合活动示例

专家提醒

微信活动的效果衡量方式有很多种，如下所示。

- 可以根据移动端的流量来衡量。
- 可以根据粉丝的增长数量来衡量。
- 还可以根据销售额的增长倍数来衡量等。

目前业内常用的衡量手段是通过点击量和销售额来衡量。

2.2.3 裂变红包：快速涨粉

运营者可以通过H5的形式策划出高质量、娱乐化的裂变红包吸粉活动，以利益为诱导，让用户在"玩"的同时，不知不觉主动帮您传播推广和分享。

为了更好地促进用户对营销活动进行分享和推广，运营者可以在H5页面中添加裂变红包插件，这样用户每次在活动中抽得一次红包奖励，同时还可以收获相应的裂变红包。裂变红包对营销活动有很好的推动作用，能够激发用户的分享欲望，极大地提升活动的分享率，使其传播范围更大，如图2-26所示。

图2-26　H5裂变红包活动

专家提醒

　　运营者要记得，开展红包引流共有两个关键点，第一就是向进群的人宣传达到多少人数开始发红包，这样他们就会去拉好友增加群人数；第二是宣传添加好友或者转发朋友圈截图有定向红包，这样能增加好友数，使群信息得到更高的曝光率。

　　也许有运营者担心成本问题，其实很多人喜欢玩红包游戏就是图个好玩，所以红包金额不需要很大，定向红包发个几毛钱就可以了。

　　记得在操作过程中不要冷场，有新人加入就提醒他看看群公告，或者直接把公告发到群里，如果有人等不到约定人数就开始退群，那么可以陆续发些小红包活跃气氛。

2.3
自建鱼塘养鱼，扩大自己的基础流量

如今，不管是哪个平台，要捕到流量这条"大鱼"的成本已经越来越高，因此，笔者建议大家最好是"自建鱼塘来养鱼"（打造私域流量），这样不仅可以降低捕鱼成本（不用做付费引流），同时也更容易捕到鱼（流量更精准）。

2.3.1 从公域流量里面捞流量

广大的公域流量池是运营引流的首选渠道，可以进入这些平台，将其中的用户转化为自己的私域流量。例如，运营者可以去百度、淘宝、快手等平台上捞流量。

淘宝商家可以把流量引导到自己的微信上，如在店铺首页放入微信号，如图2-27所示。还有一种方法，就是占据某个长尾关键词的品类搜索结果的首页，增加产品或店铺被用户搜索到的概率。

图2-27　在淘宝店铺首页放入微信号

在快手平台上，经常可以看到有人将自己的微信号和QQ号放在个人简介中引流，如图2-28所示。注意，千万不要直接写上"微信"的字眼，很容易被系统屏蔽。运营者可以使用微信的拼音、谐音或者图标符号等来代替一些敏感字词。另外，使用快手引流时，还要掌握一些话术技巧，主要方法为突出关键词、抓住用户痛点、简洁化。

图2-28　在个人快手号主页放微信号和QQ号引流

另外，58同城也是一个不错的公域引流渠道。58同城流量的最大优点就是能去搜索的人大部分都是精准客户，因为进58同城的人都是有需求的意向客户，所以单这点就是别的网站不能比拟的。运营者可以在详情描述页面的第一句话中加上微信号，并阐明自己可以给用户带来的价值，这样用户搜索时也会直接显示在搜索结果列表中，如图2-29所示。

图2-29　通过58同城引流

专家提醒

在58同城上进行搜索的人，差不多都是精准客户，因为他们对于所寻找的东西是有备而来的，他们希望看到更多关于产品的信息和资料。所以运营者一定要在物品详细栏"下功夫"。

这和做淘宝一样，当访客进到的店铺后，最吸引他眼球的就是店铺的页面。因此淘宝高人气的店铺美工做得都很好，同样的道理，当访客进入你的详情描述页面的时候，运营者的58页面也要吸引住访客的眼球，可以采用以下两种方法。

- 图片要多，要精湛。
- 文案要给力。访客浏览只有一次机会，一定要抓住这次机会。

2.3.2 从别人的私域池捞流量

有时候，我们不妨换个角度，站在巨人的肩膀上，也许可以看得更高更远。引流也是如此，运营者可以从那些"大V"的私域流量池中捞流量。既然是私域流量，想必是非常私密的，普通人很难看到他们的粉丝都有谁。

1. 直接购买私域流量账号

当然，也有一条比较快的捷径，那就是直接购买这些"大V"的账号，这样他们的流量就变成自己的了。

例如，在鱼爪新媒平台上就可以收购很多新媒体账号，如头条号（"今日头条"常简称为"头条"）、微信公众号、微博号、百家号、抖音号和快手号等，如图2-30所示。在不同的账号模块下，还提供了转让的价钱参考。

图2-30 鱼爪新媒平台

以公众号为例，运营者可以设置公众号类型（订阅号、服务号）、公众号类目、粉丝数量等筛选条件，选择符合自己定位的公众号来购买，实现私域流量的转化，如图2-31所示。

图2-31　设置筛选条件

例如，从事汽车领域的运营者可以在"公众号类目"一栏中选择"汽车"类目，即可看到很多相关行业的公众号出售信息，选择一个账号进入其详情页面，可以看到出售价格、粉丝数量、粉丝单价、头条阅读量、男女比例、流量主收益以及账号数据等信息，如图2-32所示。

图2-32　账号详情页面

运营者可以先自己权衡一下，目前自己的粉丝流量成本是多少，购买这些私域流量账号来引流是否划得来，如果这种方法的引流成本更低，就可以考虑购买。

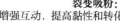

专家提醒

如今，互联网上关于账号转让的信息非常多，在这些信息中，有意向的账号接收者一定要慎重对待，不能轻信，且一定要在比较正规的网站上操作，否则很容易受骗上当。

2. 间接转化他人的私域流量

这种方式主要是通过"混群"或者去其他人的平台主页，通过主动加人或者评论引导他的粉丝来加你等方式，实现间接转化他人的私域流量。

运营者可以多关注同行业或同领域的相关账号，评论他们的热门作品，并在评论中打广告，给自己的账号或者产品引流。例如，卖女性产品的用户可以多关注一些护肤、美容等相关账号，因为关注这些账号的粉丝大多是女性。用户可以到"网红大咖"或者同行发布内容的评论区进行评论，评论的内容直接复制粘贴引流话术。评论热门作品引流主要有两种方法。

- 直接评论热门作品：特点是流量大、竞争大。
- 评论同行的作品：特点是流量小，但是粉丝精准。

例如，做减肥产品的用户，可以在抖音上搜索减肥类的关键词，即可找到很多同行的热门作品。用户可以将这两种方法结合在一起做，同时注意评论的频率。还有评论的内容不可以千篇一律，不能带有敏感词。

评论热门作品引流法有两个小诀窍，具体方法如下。

- 用小号到当前热门作品中评论，评论内容可以写：想看更多精彩视频请点击→→@你的大号。另外，小号的头像和个人简介等资料，这些都是用户能第一眼看到的东西，因此要尽量给人很专业的感觉。

- 直接用大号去热门作品中回复：想看更多好玩视频请点我。注意，大号不要频繁进行这种操作，建议一小时内去评论2~3次即可，太频繁的评论可能会被系统禁言。这么做的目的是直接引流，把别人热门作品里的用户流量引入到你的作品里。

3. 相互推广合作，资源互换引流

另外，运营者还可以通过与其他运营者合作，进行微信号互推引流，也就是建立微信号营销矩阵，强强联手实现共赢。微信号之间互推是一种快速涨粉的方法，它能够帮助运营者在短时间内获得大量的粉丝，效果十分可观。

图2-33所示为微信朋友圈中互推引流示例，互推时可以直接提供二维码图片，比

提供微信号码更方便，只需要"扫一扫"，即可让有意向的客户或粉丝添加为好友。

图2-33　朋友圈互推引流示例

相信大家在很多的微信群中都曾见到过，某一个微信号将自己的产品信息给一个或者几个微信号进行推广，这种推广就算得上是微信号互推。他们可能是互相认识的朋友，甚至会约定好有偿或者无偿给对方进行微信号推广。当然，运营者最好是找一些大咖来帮你推广，他们的凝聚力和影响力都较强。

> **专家提醒**
>
> 　　运营者在采用微信号互推吸粉引流的时候，需要注意的一点是，尽量不要找同品类的微信互推，因为这样彼此之间会存在一定的竞争关系。因此，两个互推的微信号之间存在互补性最好。举个例子，你是做护肤产品的，那么在选择互推的微信号时，就应该先考虑找那些做补水仪等仪器类的微信号，通过这种资源互换的方式获得的粉丝会更有价值。

2.3.3　在自己的私域进行裂变

如果前面两条路都走不通，那么，运营者还可以在自己已有的私域流量中努力，想办法让粉丝去分享自己，将自己的微信名片推荐给别人。

　　当然，想要使粉丝主动去转发和分享，就必须有能够激发他们分享传播的动力，这些动力来源于很多方面，可以是活动优惠、集赞送礼等，也可以是非常优秀的能够打动用户的内容，不管怎么样，只有能够给用户提供有价值的内容，才会引起用户的注意和关注。

专家提醒

　　在自己的私域流量中进行裂变吸粉时，其奖励机制的设置包括两种情况，一种是老用户分享并有截图证明就有奖；另一种是以老用户分享之后转化过来的人作为判断奖励的依据。

沉淀流量：
个人IP实现私域流量变现

第3章

通过前面的引流吸粉，我们可以慢慢积攒到自己的私域流量，也许可以收割一批流量红利，但是长久下去往往会涸泽而渔。因此，我们需要同时打造自己的个人 IP，结合私域流量来实现更加长久的变现运营。

3.1
为什么要打造个人IP：有知觉地活着

IP进入了火爆的个人化时代，人人都有可能成为爆款IP，而随着新媒体的发展，以及私域流量池的不断壮大，IP越来越受人们关注。运营者可以好好利用"个人IP+私域流量"这一新时代的商业模式进行变现，实现财富自由，让自己能够活得更加精彩。

3.1.1 对于职场人：增加不可替代性

对于职场人士来说，IP就是你的招牌，你可以通过这种IP的招牌形成一定力量和范围的传播，让自己在激烈的市场竞争中脱颖而出，成为企业中不可替代的人，掌握更多职场话语权。

通常情况下，职场人士的个人IP适合走专业路线，也就是锻炼出精湛的职场技能，成为某个垂直领域的专家。例如，播音专业人员，有三级播音员、二级播音员、一级播音员、主任播音员、播音指导等职称，那么你就要不断提升自己的播音能力，努力成为一名播音指导，成为这个行业的领头人。

要成为职场人IP，树立个人的形象和代表性，我们还需要掌握一些职场攻略和成功技巧，如图3-1所示。

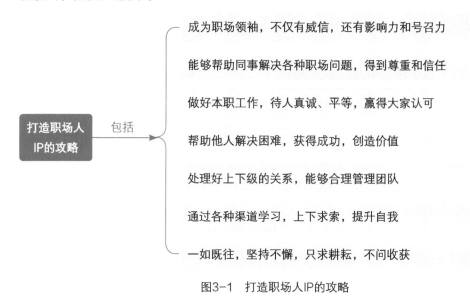

图3-1　打造职场人IP的攻略

职场人士要实现私域流量的变现，需要先在自己所在的领域成为专家，也就是去建立你个人的职业影响力，帮助你打造自己的个人品牌和聚集目标用户，这样那些潜在受众才能建立对你的信赖感，这是个人职业影响力带来的好处。

如果你能够将自己打造成为细分行业的第一人，这样不仅可以突破技术壁垒，掌握更多行业资源和人脉，还能产生强大的行业影响力和话语权，提升自己的私域流量含金量。

3.1.2 对于创业者：更低的流量成本

创业者的个人IP通常是与自己的事业或品牌共同进退的，创业者在打造个人IP后，可以极大地降低引流成本。例如，格力电器董事长兼总裁董明珠曾经说过："请成龙做广告要花1000多万元，自己做广告一分钱不用花！"这就是创业者个人IP价值的很好证明，如图3-2所示。

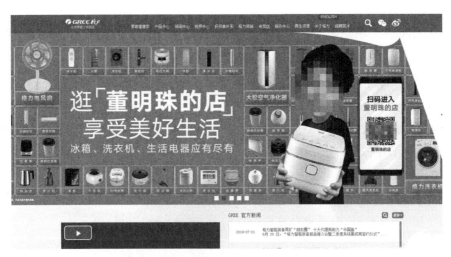

图3-2 格力电器官网上随处可见董明珠的代言广告

董明珠通过给自己的产品代言，确实能够节省大量的广告费用，更大的好处在于将自己打造成了一个大IP。同时，她成功的创业经历也具有很好的励志效应，很容易引发用户的共鸣。在大家看来，董明珠是一个非常能干的人，这也间接提升了人们对于其产品的信任度。

另一个创业者IP的典型案例，便是与董明珠有过10亿元赌约的雷军。早在2013年，雷军和董明珠在"中国经济年度人物"颁奖典礼上立下一个"赌局"。雷军表示："如果小米的营业额在5年内超过格力，董明珠就给我1块钱。"此时的小米刚成立3年，就达到了300多亿元的年营收。

而此时的格力已创立了20多个年头，年营收是小米的4倍左右，达到了1200多亿元，因此董明珠非常有底气地说："要赌就赌十个亿。"在随后的几年里，雷军带着小米拼命追赶，虽然最终没能追上格力，但2018年的全年总营收也达到了1749亿元，净利润也超过市场预期。

小米看似失败了，但在竞争非常激烈的手机市场中已经算是非常成功的创业企业，这自然离不开雷军的功劳，他也成了名副其实的"网红"企业家，仅微博渠道的粉丝就达到了两千多万，如图3-3所示。

图3-3　雷军的微博

图3-4　雷军的网络神曲《Are you Ok》

雷军的创业故事就像是小说一样，非常精彩，甚至连一句随意说出的《Are you Ok》也被网友们加上了魔性的旋律，制作了一首"神曲"，一度占领网易云音乐的TOP榜。据悉，《Are you Ok》这首网络神曲在哔哩哔哩平台上的点击量接近2000万，弹幕（用户留言）接近15万条，如图3-4所示。

那些企业大佬往往都是非常神秘的人物，很少有人知道他们的动态，但雷军却反其道而行，丢掉了富商的架子，给大家留下了极为亲民的形象。雷军经常在各种媒体渠道上推广自己的产品，甚至通过直播这种新媒体方式积极与粉丝互动，首场直播秀就收获了8万观众。

虽然雷军从来没有正式代言过小米，但他却是小米实际最大的代言人，他不遗余力地宣传自己的品牌，甚至还亲自出演产品的宣传视频。美国《财富》杂志发布的"2019世界500强"名单中，刚成立9年的小米排在了第468位，成了世界500强中最年轻的公司。

从上面两个案例中，我们可以非常清楚地看到，创业者将自己包装成IP后，带来的流量价值是不可估量的。因此，即使你的事业再渺小、起步非常低，也要打造个人IP，通过展示个人形象价值来占领人们的心智，提升体验愉悦感。图3-5所示为创业者打造个人IP的主要价值。

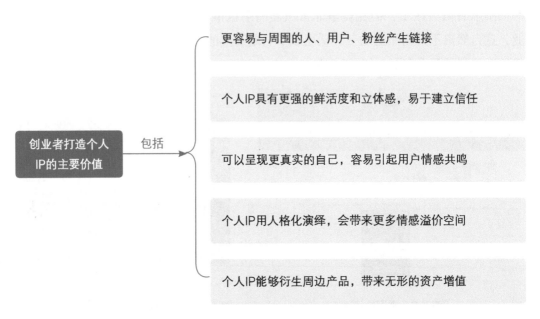

图3-5　创业者打造个人IP的主要价值

3.1.3 对于自媒体：更低的信任成本

做自媒体必须走个人IP之路。如今，自媒体的概念得到了很好的扩展，很多成功打造个人IP的自媒体人都能凭借自己的吸引力，摆脱单一的平台束缚，在多个平台、区域获得流量和好评。

对于自媒体人变现来说，最关键的一点就是信任，因为自媒体不像职场人士那样是大家身边的人，也不像创业者那样有实实在在的企业和产品，他们大部分都是"草根"出身，因此信任度是最难突破的瓶颈。自媒体人可以通过打造个人IP，让越来越多的人关注和了解真实的自己，形成自己的信任背书。

信任是所有商业活动的基础，没有信任，那么别人就很难相信你说的话和你卖的产品。自媒体人打造个人IP后，不仅可以产生品牌价值，还能够解决自己与粉丝间的信任危机。因为在大家看来，个人IP不是冷冰冰的商业广告，而是一个活生生的具有特殊魅力的人。对于自媒体人来说，内容是最重要的吸引粉丝和维护粉丝的东西，下面介绍一些打造自媒体个人IP内容的相关技巧。

1. 寻找热点选题

对自媒体运营者来说，内容应该是其最头疼的事。因为要想每天都有高质量的内容，确实是挺难的。现如今，自媒体的各大平台对文章的转载非常频繁，一方面，可以使某些优秀的推文更火热；另一方面，也会使用户产生审美疲劳。那么，到底应该怎么样来进行选题呢？

其中，搜狗搜索是人们常用的一种搜索方式，打开其页面可以发现，搜狗搜索也加入了一些新的元素，如"微信搜索"和"知乎搜索"。运营者只要点击上图的"微信"或"知乎"，就能够进入相应的链接，找到你想要的热点材料，如图3-6所示。

图3-6　搜狗搜索的"知乎搜索"功能

2. 基本内容编辑

在寻找到热点选题之后，就要考虑自己想要编辑的具体内容。有些自媒体平台除了可利用后台本身的功能进行排版外，还可借助排版软件来完成，如微信公众号就可以利用秀米编辑器、i排版等软件中的众多模板和功能快速打造出丰富多样的图文效果。

例如，运营者可以在秀米中绑定微信公众号，这样就可以将编辑完的图文消息同步到微信公众平台上，能够节省一定的推送图文消息的时间。当运营者编辑完一篇文章之后，还可以在图文消息的结尾处添加上公众号的名片信息，也就是添加上自己微信公众号的二维码，这样可以引导那些没有关注自己公众号的读者关注公众号，如图3-7所示。

图3-7　秀米编辑器

　　为了进一步美化并丰富新媒体推送的内容，运营者也可以在内容中加入视频或音频。这不仅是对内容推送的一种创新，也更加符合受众的观看习惯，是满足受众诉求的一种表现。

　　一个好故事、一条有号召力的帖子、一篇充满感情的博文、一个精彩有趣的短视频，这些都是自媒体人在打造个人IP的"路程"中制胜的内容"法宝"，而且通过这些内容可以让你在零成本的情况下获得更多收益。

　　例如，由马东携手"奇葩天团"在喜马拉雅FM上推出《好好说话》口才培训节目，首日就达到了500万元的销售额，上线10天便突破1000万元的销售额，同时成了喜马拉雅FM"123知识狂欢节"的销量总冠军。截至2019年8月，《好好说话》的总播放次数已经达到8000万级别，如图3-8所示。

图3-8　《好好说话》音频产品

3. 积累粉丝基础

如今，市场经济已经从"得渠道得者天下"转变为"得用户者得天下"的时代，这一切都是互联网发展带来的，它彻底打破了以往封闭的经济模式，形成了一个新的、开放的、"用户为王"的经济时代。

在互联网时代，很多自媒体人都拥有自己的是顾客，优秀的自媒体人拥有的是用户，而有个人IP的自媒体人则拥有众多会为自己说话的粉丝，这些粉丝就是个人IP的衍生产品或品牌最好的代言人。因此，要想打造自媒体个人IP，自媒体人还需要掌握强大的粉丝运用能力。

在自媒体个人IP的粉丝运营中，如何提升粉丝活跃度，让粉丝参与内容互动是粉丝运营的重中之重，下面介绍一些技巧，如图3-9所示。

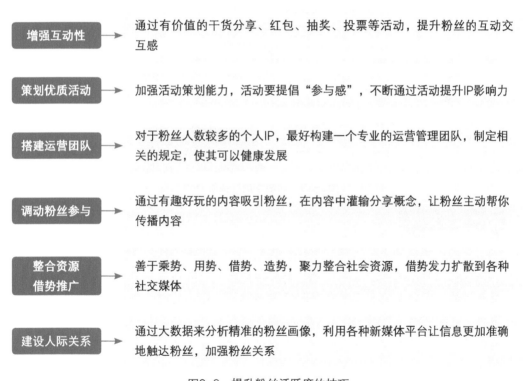

图3-9 提升粉丝活跃度的技巧

4. 打造斜杠标签

最后，自媒体个人IP还需要有个性化的标签，打造属于自己的多重"斜杠身份"，以极强的独特性和辨识度在用户心中形成个人印象，并和竞争对手形成显著的差别。当目标用户一想到某一领域时，便会马上想到有"斜杠标签"的自媒体人。

自媒体个人IP的打造，关键在于营造出有别于同行的形象，具体表现在品牌表现出独特性、品牌具有辨识度，从而通过"斜杠身份"特征的营造，在目标用户心中留下印象，强化个人IP的地位。

例如，头条号"胡华成"的"斜杠身份"就包括3种，分别为"智和岛创始人董事长/互联网职场财经作家/优质职场领域创作者"，以此来打造自己的个人IP形象，如图3-10所示。同时，"胡华成"头条号还通过付费专栏产品和个人社群圈子来实现IP变现。

图3-10 "胡华成"头条号

专家提醒

自媒体在打造个人IP的内容时，建议大家创作出有自己独特见解的、独特视角的、独特态度的内容，严禁抄袭。在内容创作和品牌经营中，个性的定义是相通的，都是要做出自己的独特感和辨识度。个人IP对于独特感和辨识度的追求，已经强化到了连个人IP的Logo也要做到独一无二，甚至对于商标被侵权的保护已经被明确立法了。所以，自媒体人在打造个人IP时，一定要有自己的风格。

3.1.4 对于传统商人：更强的议价能力

对于传统商人，如实体店店主、电商卖家以及微商等商家来说，打造个人IP有利于提升自己的议价能力。成为个人IP的传统商人，其商业价值也更大，否则只能沦为一个给产品"打工"的人。

　　例如，淘宝"网红"张大奕从一个模特成为四颗皇冠的淘宝卖家，其中离不开她个人的努力，更离不开粉丝的支持。张大奕的微博粉丝和淘宝店铺粉丝都已经超过千万，是个名副其实的个人IP商人，如图3-11所示。

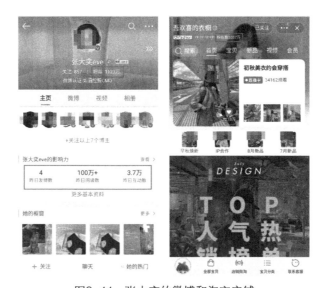

图3-11　张大奕的微博和淘宝店铺

　　张大奕本身就是模特出身，对于服装搭配很有心得，而且她经常在微博等社交平台上发布一些私服搭配技巧，深受粉丝欢迎，如图3-12所示。

图3-12　张大奕的内容形式

张大奕的淘宝店铺主要采用文艺、清新的内容风格，深受粉丝欢迎，这些粉丝所产生的购买力就是张大奕的淘宝店铺的最核心竞争力。张大奕在直播中为粉丝带来全新的穿搭技巧，还直播了吃饭、聊天等生活场景，以及通过直播带粉丝参观打版房、仓库、面料室等服装生产环节，同时也不断送出优惠券并推荐新品链接。

张大奕的淘宝店曾创下上线新品2秒卖完的销售盛况，只用3天就完成了普通线下店铺一年才能做到的销量，平均月销售额超过百万元，这可以说是互联网电商的一个奇迹。张大奕的淘宝店铺开张不到一年便升级到"四皇冠"，并且是全平台女装排行榜中唯一的个人店铺。

张大奕成功的主要秘诀在于将自己打造成为个人IP，通过自己的"真实素材"来创作原创内容，同时通过与粉丝进行深度互动，给他们带来真正的信任感，这种方式不仅提升了用户黏性，还极大地提高了自己店铺的产品议价能力。

3.1.5 对于所有人：探索更多人生可能

当然，不管是谁，只要你有一技之长，或者有特殊的地方，都可以通过自己的努力来打造个人IP，探索更多人生可能，抓住更多的商业机会。即使是普普通通的人，在移动互联网时代，也有很多成名的机会。

1. 培养人格化的偶像气质

当然，做一个小"网红"只需要每天去网上露个脸，刷一下存在感即可。但是，如果你想打造成个人IP，还需要学会推广和运营自己，培养人格化的IP气质，具体如图3-13所示。

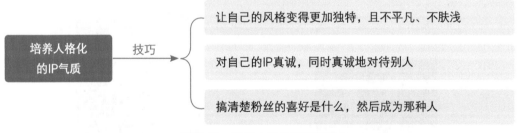

图3-13　培养人格化的IP气质

俗话说"小胜在于技巧，中胜在于实力，大胜在于人格"，在互联网中这句话同样有分量，那些已经成名的个人IP之所以能受到别人的欢迎，其实这也从侧面说明他具备了一定的人格。

2. 拥有明确的核心价值观

普通人要想打造个人IP，首先需要一个明确的核心价值观，即平常所说的定位，也就是你能为用户带来什么价值。例如，"叫兽易小星"就是从一个普通人成长为知名新锐导演的个人IP，他的核心价值观就是通过影视作品为用户带来欢乐，其微博粉丝达到了900多万，如图3-14所示。

图3-14　"叫兽易小星"的微博主页

"叫兽易小星"大学毕业后当了一名监理工程师，做着和很多普通人一样朝九晚五的工作。但是，爱好影视创作的他并不甘心做这些重复的工作，于是便开始在网络论坛上写一些连载小说，后来也做了一些没有什么商业性质的视频内容，如游戏解说视频和恶搞短片等。"叫兽易小星"害怕熟人认出自己，于是做了一个写上"兽"字的面具，这也成了他幽默风趣的网络形象，深入人心。

2014年，"叫兽易小星"制作的网络剧《万万没想到》第一季在优酷上累积的点击量达到了5.8亿，同时《万万没想到》贺岁版也突破了1.4亿点击量。

图3-15　《万万没想到》网剧

《万万没想到》采用夸张幽默的语言、包罗万象的剧情，其中穿插了时下的热门话题和一些非常经典的历史典故，描绘了"王大锤"的传奇故事，获得了观众的喜爱，目前已经更新到第三季，如图3-15所示。

《万万没想到》已经从单纯的网剧发展成如今的大电影——《万万没想到 西游篇》。《万万没想到 西游篇》其实在开播前就已经在赚钱了，它通过植入广告、网络发行等各种手段将3000多万元成本收回，上映后还创下了两天1.1亿元票房的记录。

普通人在打造个人IP的过程中，在明确了价值观后，才能轻松作出决定，对内容和产品进行定位，然后朝着一个方向努力，突出自身独特的魅力，从而得到用户的关注和认可。

3. 生产个性的高质量内容

作为普通人，打造个人IP的重要条件是创造内容，且创造内容如今也出现年轻化、个性化等趋势。要创作出与众不同的内容，虽然不要求你有多高的学历，但至少要能展现出有价值的东西。从某种方面来看，读书和阅历的多少直接决定了你的内容创造水平的高低。

3.2
从零开始打造个人IP，实现变现

个人IP的形成，好的内容、故事、策划是必不可少的。因此，在互联网时代，常有人说，一百个销售也比不上一个好的个人IP所带来的效果。

如今，不管是什么行业，流量都是最重要的"武器"，没有流量就难以赢得市场，没有消费者就不会产生收益。因此，拥有私域流量的个人IP只有真正做好做大，才能实现变现。

3.2.1 IP定位：打造专属"斜杠身份"

个人IP定位即平常所说的产品定位，通过打造 "斜杠身份"来告诉你的粉丝，你能为他们带来什么价值。个人IP要有明确清晰的定位，不仅要做垂直领域的内容，而且要用更好的创意来另辟蹊径，开发全新的领域。

1. 确定个人IP的基本类型

大家在打造个人IP时，应重点布局这3种类型的定位，如图3-16所示。同时，运营者在创作内容的时候必须做好定位，若是随意定位，到后面你会发现越更新越难，越更新越累，甚至没有内容可以更新。

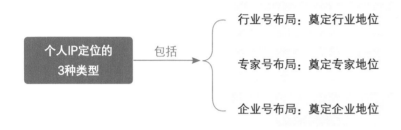

图3-16　个人IP定位的3种类型

2. 确定个人IP的用户定位

在私域流量和个人IP结合运营中，用户定位是至关重要的一环，首先要做的是了解平台针对的是哪些人群，他们具有什么特性等问题。关于用户的特性，一般可细分为属性特性和行为特性两大类，具体分析如图3-17所示。

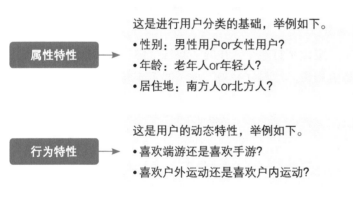

图3-17　平台用户特性分类分析

在了解了用户特性的基础上，接下来要做的是怎样进行用户定位。在用户定位全过程中，一般包括3个步骤。

（1）**数据收集**。运营者可以通过一些新媒体平台后台提供的数据分析功能来分析用户属性和行为特征，包括年龄段、性别、收入和地域等，从而大致了解自己的用户群体的基本属性和特征。

（2）用户标签。在获得相关的用户基本数据后，根据这些数据来分析用户的喜好，给每一个用户打上标签，并进行分类，洞悉用户需求，如图3-18所示。

（3）用户画像。利用上述内容中的用户属性标注，从中抽取典型特征，完成用户的虚拟画像，构成平台用户的各类用户角色，以便进行用户细分。接下来运营者就可以在内容中合理植入更多关于用户偏好的关键词，以便让更多的内容被用户搜索和喜欢，从而促进个人IP的发展和壮大。

图3-18　用户标签示例

3. 打造个人IP的"斜杠身份"

最后，运营者可以根据用户定位来打造个人IP的"斜杠身份"，用户喜好什么，我们就给自己标示什么样的身份标识。"斜杠身份"成了时下年轻人热衷的一种生活

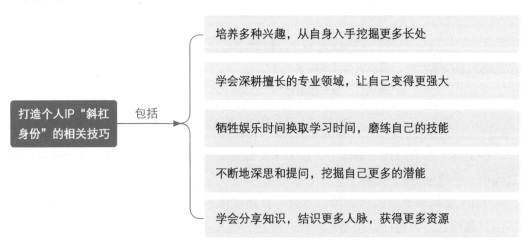

图3-19　打造个人IP"斜杠身份"的相关技巧

方式，很多人都想拥有"斜杠身份"，关键是如何才能打造多金的"斜杠身份"呢？下面笔者总结了一些方法和技巧，如图3-19所示。

3.2.2 内容营销：实现个人快速圈粉

内容营销是指依靠一些有内容的事物，比如图文、影音之类来传播个人IP的品牌文化和价值卖点，借此吸引粉丝的注意力，从而达到引流私域池的目的。同时，内容营销可以帮助运营者增强个人IP的吸引力，从而将IP引爆。

内容营销可以通过各种渠道来进行，如微博、微信公众号、今日头条、企业官网、移动端应用等。例如，"今日才经"微信公众号每天都会为用户推送职场文案案例，这是一个专注于创新人才管理价值提升的新媒体平台，通过分析、点评各类人才的管理问题，提供专业、独到的人才管理见解，帮助企业管理者少走弯路，吸引了很多人力资源从业者的关注，如图3-20所示。

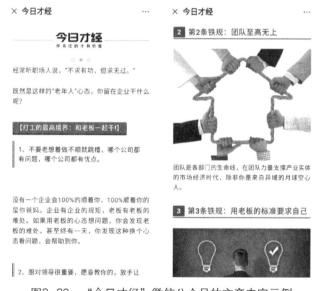

图3-20　"今日才经"微信公众号的文章内容示例

值得注意的是，内容营销在利用内容吸引用户关注，打造个人IP的私域流量池时，要注意内容的选取。只有内容选对了方向，才能实现最佳的引流效果。图3-21所示为内容营销的内容要求。

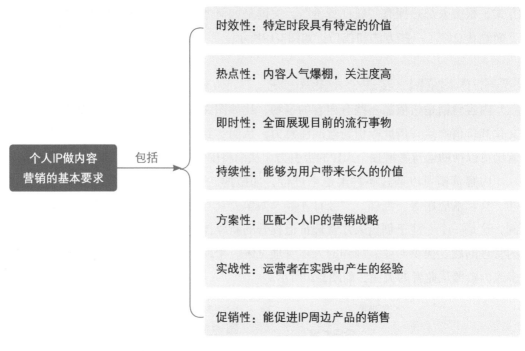

图3-21　个人IP做内容营销的基本要求

内容营销是打造个人IP的一种绝佳方式，因为，此种营销模式更为全面，更易引爆个人IP流量，从而吸引更多用户为你买单。

专家提醒

方案性内容营销对于用户来说价值很高，用户可以从中学到相关知识和经验，充实自我，提升自身的能力。当然，对于运营者而言，在方案性内容写作和策划上都存在难点，有丰富经验的营销者才能够把握得好。

3.2.3　事件营销：让你快速爆红

事件营销就是借助具有一定价值的新闻、事件，结合个人IP自身的"斜杠身份"特点进行宣传、推广，从而达到私域流量池变现目的的一种营销手段。运用事件营销引爆私域流量的关键就在于结合热点和时势。

运营者可以关注一些公域流量比较大的平台的热门事件，如微博话题榜、抖音热搜榜和今日头条热点频道等，如图3-22所示。

图3-22 抖音热搜榜

专家提醒

事件营销具有几大特性，分别为重要性、趣味性、接近性、针对性、主动性、保密性、可引导性等。这些特性决定了事件营销可以帮助个人IP变得火爆，从而成功达到提高私域流量的效果。

事件营销对于打造个人IP十分有利，但是，事件营销如果运用不当，也会产生一些不好的影响。因此，在事件营销中需要注意几个问题，如图3-23所示。

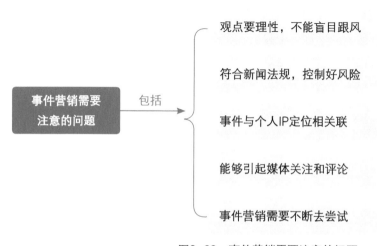

图3-23 事件营销需要注意的问题

3.2.4 打造产品：搭建IP化产品矩阵

个人IP的产品打造与自媒体是不同的，自媒体通常讲究的是单点极致，致力于单一产品的打造；而个人IP则更强调生态，因此需要强大的产品矩阵来支持其私域流量的变现。

1. 自媒体：单点极致

对于自媒体人来说，做一个产品，就必须真正在某一领域、功能或者性能等方面做到了极致，在拥有绝对行业地位的时候，很容易成为爆款。此时，不管其他产品再怎么模仿、刻制，都不能复制其精髓所在。

这一点不论是在什么领域，都是爆款产品与其他同类产品相比极具竞争力的一点。将一个产品做到极致，必定能够为产品开辟一个火爆市场，抢占市场的覆盖率。

以罗振宇老师的"罗辑思维"为例，"罗辑思维"是一个经典的自媒体代表，而罗振宇则已经成了一个个人IP。在运营"罗辑思维"这个自媒体的时候，罗振宇每天发布60秒的语音，通过"罗辑思维"这一单一产品便吸引了几百万粉丝的关注，如图3-24所示。"罗辑思维"自媒体的成功在于清晰的品牌定位、跨平台的产品形态延伸、内容至上的品牌塑造以及多样化的互动形式。罗振宇通过"罗辑思维"的60秒语音，获得了强大的影响力，同时为自己带来了财富。

《罗辑思维》于2012年正式开播，并在2013年8月推出付费会员制，上线首日便出现了半天售罄入账160万元的盛况。2013年10月，《罗辑思维》开始招募会员，限微信支付，一天之内便招收到了两万会员，入账800万元。2015年10月，《罗辑思维》完成B轮融资，估值13.2亿元人民币。

图3-24 "罗辑思维"公众号

2. 个人IP：产品矩阵

当你从自媒体成长为个人IP后，就可以将自己的变现渠道扩宽了，不再依靠单一产品，而是可以打造更大的产品矩阵，来构建个人IP变现的商业模式生态链。

还是以罗振宇为例，当他成功拥有自己的庞大私域流量池，成为个人IP后，于2015年11月推出"得到"App，打造自己的产品矩阵，如图3-25所示。"得到"的付费产品矩阵主要包括听书频道、订阅专栏以及其他免费产品，通过"结构化产品组合＋阶梯形扩品增类"的方式，扩大用户规模。同时，"得到"将知识服务细分为五大学院，包括商学院、人文社科、科学学院、能力学院和视野学院，致力于实现真正的自主教育、跨界认知和终身学习。

（1）**重度产品：订阅专栏。**主要产品为线下演讲以及年度的专栏订阅，这是"得到"的核心业务，同时也是平台知识变现的主力。例如，《万维钢・精英日课》共302讲，收费为199元。

（2）**中度产品：听书频道。**主要产品为"每天听本书"以及一些小课题，用于吸引新用户，提高付费率。例如，"每天听本书"邀请各领域的著名媒体人，让他们通过音频内容形式来解读知名书籍，价格为4.99元/本或365元/年。

（3）**轻度产品：免费产品。**包括微信公众号和每天知识新闻等免费产品，这些产品的时间都在3～5分钟，通过免费专区提供优质的内容留住新用户，同时起到导流的作用。

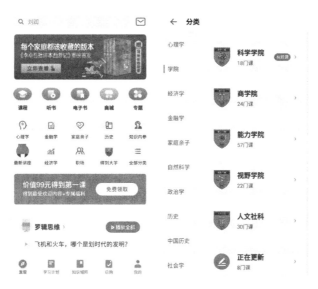

图3-25 "得到"App的主要产品类型

3.2.5 商业变现：卖产品、卖影响力

其实，在打造产品矩阵的同时，拥有私域流量的个人IP就已经能够实现商业变现了。例如，2016年6月，"得到"的第一个付费专栏《李翔商业内参》上线，由总编辑李翔主理，每天更新5条，一年365天从不间断，如图3-26所示。

图3-26 《李翔商业内参》知识付费产品

《李翔商业内参》的收费为199元/年，上线3个月就获得7万订阅用户。《李翔商业内参》每期产品从开始到交付都经过了严格的流程，包括分工、选题、报/定题、音频录制以及上线发布等，拥有成熟的产品生产闭环。

2017年5月26日，《李翔商业内参》改版为《李翔知识内参》，同时由收费转为免费，主要目的就是为新产品导流。根据"得到"公布的数据显示，截至2019年5月，《李翔知识内参》的收听人数超过400万、收听内容超过14亿次，分享次数达到200多万，收藏量达到500万次。同时，李翔上线新的付费课程《巨富之路》，标志着他再次杀回"知识付费"的赛道。

除了卖产品外，个人IP强大的影响力也是可以变现的。个人IP可以通过自己的影响力，将虚拟资本转化为商业价值，让无形的概念变成有形的资产。当然，当个人IP的影响力变大后，还需要良好的口碑来为自己背书，否则无法做到长久变现。

例如，形象代言就是一种卖个人IP影响力的变现方式，通过有偿帮助企业或品牌传播商业信息，参与各种公关、促销、广告等活动，促成产品的购买行为，并使品牌建立一定的美誉度或忠诚度。同时，对于个人IP来说，会赚到巨额的代言费。

除此之外，当个人IP担任一个企业或品牌的形象代言人后，也需要通过各种途径维护品牌形象，为其快速扩展市场，以此证明自己的代言价值，而且还能使自己得到更好的发展。

3.3
IP运营：用私域流量池撑起财富自由

任何人都期望获得真正的财富自由，简单说来，就是有足够多的时间和钱，做自己想做的事情。在过去，我们可能要经历千辛万苦才能达到这个目标，而在移动互联网时代，只要你有私域流量，就可以通过个人IP运营来实现财富自由。

3.3.1 产品运营：明确定位、找到标签

对于个人IP来说，首先要明确定位、找到标签，其次要学会自我运营，也就是把自己当成一个产品来运营。个人IP运营者可以从生活中的一些自我运营开始做起，例如下面这些场景。

（1）内容运营：在求职简历中好好的包装一下自己，拍个漂亮点的形象照片等。

（2）活动运营：周末举行一个聚餐，邀请自己的好朋友或者一些重要的客户参与。

（3）用户运营：在微信中对好友进行分组，并给他们打上标签，根据不同的标签来发朋友圈内容。

个人IP在进行产品运营之前，还需找到自己的精准目标客户群体及其痛点需求，这是因为，弄清楚了这一问题，可以有以下几个方面的好处。

● 可以帮助自己生产出更符合用户需求的产品，这样的产品自然能够成为最受用户欢迎的产品，同时也是最具市场竞争力的产品。

● 可以帮助自己在后期的商业宣传、推广过程中，更有针对性地进行推广，减少宣传、推广过程中一些不必要的事项，从而达到更好的推广效果。

运营者首先要找准用户的全部需求，然后针对需求确定产品的主要功能，接下来根据目标用户群体的偏好选择优先打造的产品功能，最后确定用户对产品形成的核心

需求。明确产品定位的相关技巧如图3-27所示。

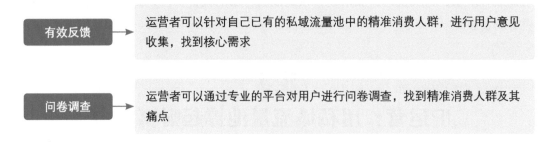

| 有效反馈 | → | 运营者可以针对自己已有的私域流量池中的精准消费人群，进行用户意见收集，找到核心需求 |
| 问卷调查 | → | 运营者可以通过专业的平台对用户进行问卷调查，找到精准消费人群及其痛点 |

图3-27　明确产品定位的相关技巧

个人IP运营始终要明白一个道理，你是一个怎样的人并不是最重要的，重点在于别人眼中的你是个怎样的人。因此，产品运营的最终目标是形成用户画像，找到产品标签，从而告诉别人你的产品是什么，对他有什么作用和价值。

3.3.2　内容运营：内容生产和分发，蓄势

当个人IP运营者明确了自身的内容定位、用户需求、产品调性等因素后，接下来就可以进行内容的生产和分发，为IP热度蓄势。个人IP要提升流量、吸引用户关注、提升用户的留存率，就必须有足够优质的内容，这是实现这些目标的基础，也是让个人IP持续获得用户认可的根本。

个人IP的内容多以文字、图片、语音、视频等形式来表现主题，如果想要自己的内容脱颖而出，就必须打造符合用户需求的内容，做好内容运营，用高价值的内容来吸引用户、提高阅读量，带来更多的流量和商机。

如今是一个内容创业爆棚的时代，很多人通过将自己生产的内容出售给投资方，从而获得营销收益。好的内容可以极大地带动个人IP与粉丝之间的良性互动，提升粉丝的满意度，加强粉丝对个人IP的忠诚度。因此，对于个人IP运营者来说，需要记住的是：优质内容是打造爆款的关键所在。

例如，喜马拉雅FM平台上一个名为"有声的紫襟"的ID，一个"草根"主播，通过坚持输出优质的音频内容，享受到了平台的流量红利，如今已经成长为有声书品类品的头部主播之一，完成了从ID到IP的蜕变。

图3-28所示为"有声的紫襟"的主要音频内容产品，他在喜马拉雅FM平台的粉丝数量达到800多万，而且大部分专辑的播放量都达到了上千万，甚至还有很多破亿的，月收入也突破200万元。

图3-28　"有声的紫襟"的主要音频内容产品

3.3.3　活动运营：借力造势，提高影响力

对于个人IP运营者来说，做活动运营的主要目的就是借势与造势来提高自己的影响力。运营者可以借助具有一定影响力的事件、人物或者产品等，然后通过策划活动，达到广泛深入传播个人IP的目的，相关技巧如图3-29所示。

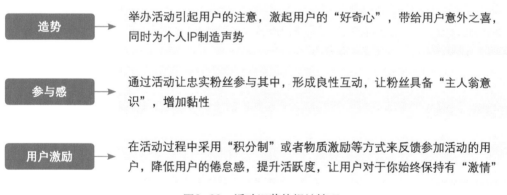

造势	举办活动引起用户的注意，激起用户的"好奇心"，带给用户意外之喜，同时为个人IP制造声势
参与感	通过活动让忠实粉丝参与其中，形成良性互动，让粉丝具备"主人翁意识"，增加黏性
用户激励	在活动过程中采用"积分制"或者物质激励等方式来反馈参加活动的用户，降低用户的倦怠感，提升活跃度，让用户对于你始终保持有"激情"

图3-29　活动运营的相关技巧

3.3.4　电商运营：私域流量的转化和变现

电商运营的主要目的是将产品更好地卖出去，实现私域流量的转化和变现，这也是每个个人IP必须要做的事情。

例如，"罗辑思维"在没有上线"得到"App的时候，为了能够变现，就在天猫平台上开了一家"罗辑思维旗舰店"，为粉丝带来精选好书、好物和各种知识服务产品，通过电商渠道来实现私域流量的变现，如图3-30所示。

图3-30　罗辑思维旗舰店

3.3.5 用户运营：提高用户生命周期价值

　　个人IP运营者可以把自己的意愿规划为一个可以实现的核心目标，然后通过拉新、留存和促活等用户运营方式来分解目标（见图3-31），再根据这个目标制定可以操作的解决方案，最后根据方案来分配详细的任务，从而实现目标。

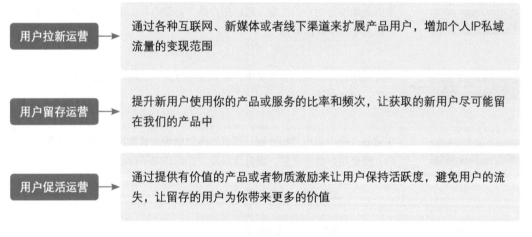

图3-31　用户运营的目标分解

　　用户运营主要是为了更好地管理并提升用户价值，让用户能够深度参与到个人IP的产品或内容互动中，增加用户的生命周期。个人IP做用户运营的最终目标，是让用户按照自己的想法去转发内容、购买产品、给产品好评，并分享给他的朋友，把用户转化为最终的消费者。

📢 专家提醒

相较于物质激励机制促进用户活跃度而言，精神激励机制所耗费的成本明显更少，它更多的是从满足用户的心理需求出发，用能代表自豪、荣誉的方式来激励用户和活跃用户。相较于物质激励来说，其影响明显更持久。

3.3.6 数据运营：验证反馈，持续优化

最后，运营者需要学会在各种新媒体平台后台或数据服务平台上查看数据并进行分析，这对个人IP的运营来说是非常有效的，它不仅能够验证过往的运营效果，还可以帮助运营者更好地优化运营方案。

数据运营包括用户数据、产品数据、内容数据等，下面分别进行介绍。

（1）**用户数据**：如果运营者想要了解平台的用户增长情况和用户基本属性，就应该做好用户数据分析工作。只有这样才能洞悉自身新媒体平台的用户，为安排具体的运营工作打下用户基础。如微信公众平台可分析新增人数、取消关注人数、平台用户详细数据、平台用户城市分布以及用户省份分布详细数据等信息。

（2）**内容数据**：运营者基于个人IP账号所发布的内容的各种数据情况来了解账号的发展现状，分析前段时间内容运营的经验与成果并总结不足等。只有具有高推荐量的内容，才能在更广的范围内被受众看到，这样才有提升用户阅读量的可能性，相应的，如评论量、涨粉量、收藏量和转发量也才能更高。

（3）**产品数据**：主要通过分析产品的展现量、点击量、点击率、转化率等数据，来优化个人IP的选品，通过数据来验证产品的可行性并进行迭代，以及制定产品的引流计划等。例如，生意参谋就是一款专业的一站式数据分析工具，它按照数据分析、问题诊断、优化提高环环紧扣的逻辑设计，帮助运营者分析店铺产品的曝光、点击和反馈等效果，并且会针对性地给出诊断结果，同时提供解决方案，帮助运营者提升产品的引流和转化效果。

内容引流：
揭秘朋友圈的裂变
引流套路

第4章

微信火爆来袭，已成为微商、网红、自明星和个人IP经营私域流量的主流平台，朋友圈则成了他们宣传产品的有力渠道，通过熟人圈子来销售产品，有很高的真实性，朋友圈已成为私域流量变现的绝佳阵地。

4.1

5大秘诀，设计朋友圈"门店"

据Mary Meeker发布的《互联网趋势》报告显示，微信使用率占中国市场第一位，仅微信就占据了国人在移动应用上30%的时间（每天31亿小时，微信独占9亿小时）！若以10亿上网用户计算，每人每天使用3小时手机，微信就占了1小时，而大家在朋友圈上花的时间占了50%左右。

随着微信用户规模的日益壮大，朋友圈的营销也越来越突出，对于私域流量运营者来说，朋友圈营销与个人IP的打造已经渐渐变成刚性需求。在朋友圈这一社交领域通过各种渠道不断地拓展私域流量、引流涨粉、促进成交，渐渐都在各自领域形成不同的产业群。在朋友圈中营销的人越来越多，需求也自然越来越大。

因为巨大的流量和用户时间聚集，现在的朋友圈，不仅是大家日常生活和工作的展示平台，也成了私域流量运营的必争之地。如何利用朋友圈实现私域流量变现，赚到钱，而且还不讨人嫌、不被人屏蔽，这是一门技巧，也需要技术。

朋友圈是私域流量运营者的"门店"，想要在朋友圈进行营销推广，就先要塑造自己的门店形象，包括微信头像、名字、个性签名、背景墙以及地址等，对这些进行优化设置，能为朋友圈的营销带来更多方便，可以对自己的产品进行更好的宣传，让更多的人了解、熟知。

4.1.1 "网红"名字：把运营者变成"网红"

在朋友圈里，拥有一个得体又很有特色的名字是非常重要的，对普通人来说可能这个名字无关紧要，只要自己高兴便好，但对于私域流量的运营者来说，就要仔细斟酌，再三考虑。因为每个运营者都有不同的目标，要给好友呈现出独特的理念才行，因此名字一定要有很高的识别度，要打造出一个"网红"名字，把运营者变成"网红"。微信名字的总体要考虑两点：易记、易传播，把握好要点才能起个满意的名字，如图4-1所示。

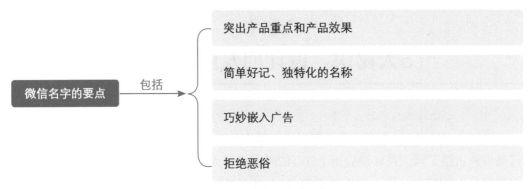

图4-1 微信名字的要点

在微信起名的时候一定要避免一些误区,如图4-2所示。

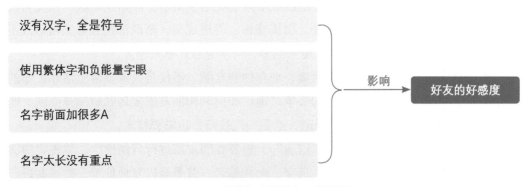

图4-2 微信起名要避免一些误区

说了这么多的要点,其实还是建议微信起个简单好记的名字,主要有两点好处,如图4-3所示。

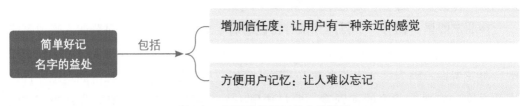

图4-3 设置简单好记名字的益处

其实使用自己的真名对于增加粉丝信任度是很有帮助的,因为自己的银行卡和支付宝账号都是实名制,用户看到的是真实名字,会产生好感。如果不想让自己的名字众人皆知,可以使用自己的小名,也不失为一个好方法。

专家提醒

　　需要注意的是，直接使用广告作为名字，其实是很危险的，要慎用。因为好友的眼睛是雪亮的，一旦看到广告就会产生一直排斥情绪。

　　另外，朋友圈的信任不是一下就建立起来的，是需要长期积累的。因此，运营者千万不能随意刷屏，要注重自己的产品质量，打造良好的形象。这也是需要时间去积累的，慢慢去改变好友固有的偏见，用行动来证明自己的价值。

4.1.2　与众不同的头像：增加好友的信任感

　　除了微信名字以外，微信头像应该是最惹人注意的了。在微信界面中，可以看到用户的头像是多种多样的，而不同的头像有着不同的心理活动，如图4-4所示。设置不同头像可以表示不同心理活动，拥有一个别出心裁的头像，能够得到好友的好感和信任感。

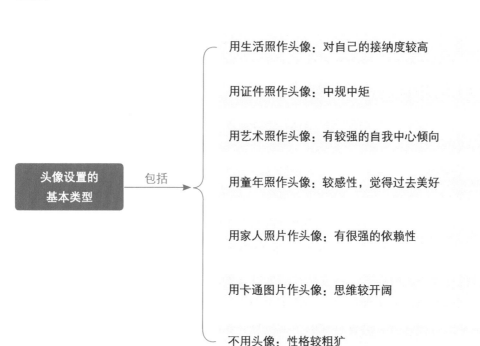

图4-4　头像的设置的基本类型

微信头像设置也是有技巧的，要根据自己的定位来进行设置，主要从这几个方面着手，如图4-5所示。

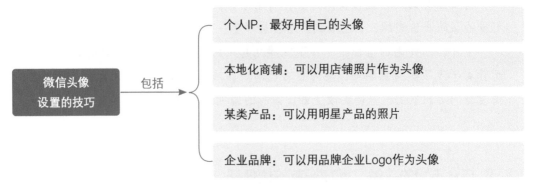

图4-5　微信头像设置的技巧

大部分运营者通常选择使用自己的照片来作为头像，这样做更加具有真实性，会增强好友的信任感。因为私域流量变现的核心是人与人的关系，要建立起相互之间的信任，用自己的照片再合适不过的了。

4.1.3 印象深刻的个性签名：简短精辟，句句走心

所谓"个性签名"，即用能充分表现自己的话语（签名）来进行标注，是微信和QQ等社交平台展现用户信息的重要内容，如图4-6所示。

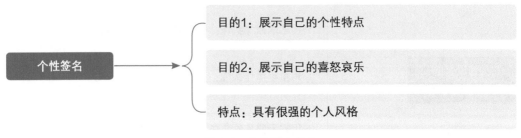

图4-6　个性签名简介

在微信界面中，微信的个性签名在添加好友的时候尤为重要，会留下第一印象，所以要特别注意自己的个性签名。个性签名会显示在通讯录里面，在好友搜索到你、将要添加你的时候，肯定会查看你的个人信息，这时候个性签名就是一个加分项。在微信的个人签名里面最好不要直接出现产品信息，微信的文字介绍就好比现实生活中的名片文字介绍，它在很大程度上决定了你的粉丝数量的多少。只有那些自然、大气的文字介绍才会吸引别人的注意，产生和你继续沟通的兴趣。

4.1.4 朋友圈背景墙：品牌形象最好的展示位

朋友圈的背景墙封面是一个与名字和头像不一样的个性设置场所，其具体内容如图4-7所示。

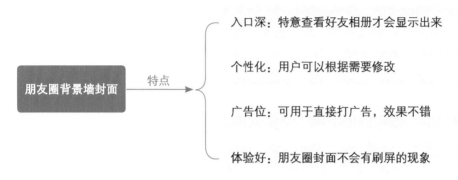

图4-7　朋友圈背景墙封面的特点分析

从位置展示的出场顺序，如果说头像是微信的第一广告位不假，但如果从效果展示的充分度而言，背景墙图片的广告位价值更大，大在哪？大在尺寸，可以放大图和更多的文字内容，更全面、充分地展示我们的个性、特色、产品等，完美布局。

微信的背景墙照片，其实是头像上面的背景封面，下面给大家看看做得比较好的效果案例，如图4-8所示。这张背景墙照片的尺寸比例为480mm×300mm左右，因此大家可以通过"图片+文字"的方式，尽可能将自己的产品、特色、成就等完美布局，充分展示出来。

图4-8　制作精美的背景墙照片示意图

专家提醒

运营者在发朋友圈时，如果文本超过140个汉字，则文字可能会被折叠起来。这个时候，客户很少会点进原文里仔细阅读。所以，运营者可以将文本的重要信息节选出来，放在评论里进行展示，这是一个十分明智的做法，因为微信评论是不会被隐藏起来的。

4.1.5 地址信息：朋友圈中的第二个免费广告位

在发朋友圈时有一个特别的"所在位置"功能，运营者可以利用这个功能定位你的地理位置。更特别的是，运营者可以通过这个功能，给朋友圈运营带来更多的突破点，如果利用得当，甚至可以说是给朋友圈营销又免费开了一个广告位。

专家提醒

一个真正成功的私域流量运营，应该能够合理利用每一个小细节来进行营销，朋友圈地址信息这个小细节的难度并不高，仅仅是利用微信中自定义位置的功能，就能够成功设置。

在朋友圈中添加地址信息的操作方法如下。

编辑一条"朋友圈"信息，并点击"所在位置"按钮，进入"所在位置"界面，点击"搜索附近位置"按钮，输入一个地理位置进行搜索，在弹出的搜索结果中点击"没有找到你的位置？建立新的位置："按钮。

执行操作后，弹出"创建位置"界面，可以填写地点、品牌、宣传语等，下面还可以带上电话号码方便对方联络商户，如图4-9所示。点击"完成"按钮，设置完毕后朋友圈效果如图4-10所示。

图4-9　填写"创建位置"信息　　　　图4-10　设置完成效果图

4.2
内容打造：攻心文案让你的客户立马下单

在运营朋友圈的过程中，如何将产品描述得准确、得体又能引人注目，这是一个自始至终贯穿私域流量变现过程的重大问题，它决定着变现的整体水平。本节主要介绍朋友圈文案内容的写作技巧，使运营者在朋友圈的世界里大展拳脚，业绩步步高升。

4.2.1　5种技巧，传授朋友圈发文攻略

文字的力量是非常强大的，在朋友圈进行营销推广，软文营销是必不可少的，下面主要介绍5种朋友圈发文的攻略和技巧。

1. 消费者的痛点是什么？

软文必须要有痛点，如果找不到消费者的消费痛点，那么很遗憾，结果就只能是隔靴搔痒，永远没有办法让消费者冲动起来。痛点的核心基于对比，所以，给目标消费者制造出一种"鱼与熊掌"不可兼得的感觉，就是痛点营销的关键。

2. 如何寻找消费者的痛点？

很多运营者都面临着一个问题，就是如何寻找痛点，痛点其实并没有我们想象中那么难找。

运营者对于痛点的寻找，有两点必须要注意，如图4-11所示。

图4-11　寻找痛点的注意事项

挖掘痛点不可能一蹴而就，这是一个长期的过程，需要不停地观察、挖掘细节，痛点往往就在消费者最敏感的细节上。运营者只有挖掘一到两个细节，感同身受的体会自己的需求与冲动点，才能够挖掘到消费者的痛点。

3. 朋友圈发文，重要信息放最前面

在微信朋友圈营销的文章当中，除了要有一个新颖、吸引人的主题以外，还需要有一个让人感兴趣的开头。其实写营销类的文章有一点儿像记者写新闻，应该采取"开门见山"的方法将重点内容归纳在主旨句——也就是第一句里。

一来防止有些读者在读到重点之前失去耐心，至少"重点前置"可以保证他们顺利了解整篇文章的中心思想，无论有没有将文章读完。二来列举出全文的重点也可以引起读者的兴趣。其实不仅是整篇文章，每一段最好都能采取这种办法，将段落重点提炼出来放在第一句里，方便理解和阅读。

4. 九宫格的图片数量最符合审美

在朋友圈文案的编写中，除了需要图文并茂以外，还要注意的是，张贴图片同样也有一些技巧。比如，贴多少张图合适？一般来说配图最好是一张、两张、三张、四张、六张、九张。

当然，如果可以，九张在营销过程中还是最讨喜的。九张照片的排版，在朋友圈中会显得比较规整一些，版式也会更好看一些。关键是说服力更强，因为可参考的依据更多。图4-12所示的朋友圈信息中，图片都贴成了九宫格的样式，很好地体现了图文的丰富性，提高了文章的可阅读性。

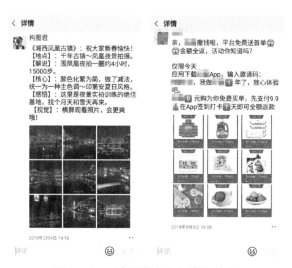

图4-12　朋友圈发文九宫格的样式

5. 转载公众号文章扩大产品营销力度

平时在刷朋友圈时，除了个人编辑的内容以外，我们还能看见许多被分享至朋友圈的链接。一般来说，由公众号分享过来的内容是最多的。有的人靠微信朋友圈发家致富，有的人则依靠微信公众号销售产品，运营者可以将公众号的文章转载至朋友圈，扩大产品营销力度。

4.2.2　5种方式，打造月入过万的朋友圈文案

运营者在通过朋友圈运作私域流量的变现时，需要掌握好文案的写作技巧，提高产品的销量，用情感去打动你的顾客，从而产生共鸣。下面主要介绍5种朋友圈文案的写作技巧。

1. 图文结合的软文更有吸引力

发朋友圈有3种方式，第一种是发纯文字，第二种是发送图文并茂的内容，第三种是发送视频内容。软文营销肯定是和文字有关的，因此在微信朋友圈进行软文营销，可以选择前面两种形式。

但是，运营者最好是采用图文结合的方式，图文结合的软文会比单纯的文字更加醒目、更加吸引人，蕴含的信息量也更大。

2. 利用九宫格强化产品优势亮点

强化功能撰写法，就是在微信中将产品最大的优点突出来。在这里，要运用到九宫格强化思维法，什么是九宫格强化思维法？就是运用九宫格将产品的众多优点——

列出来，具体的操作方法如图4-13所示。

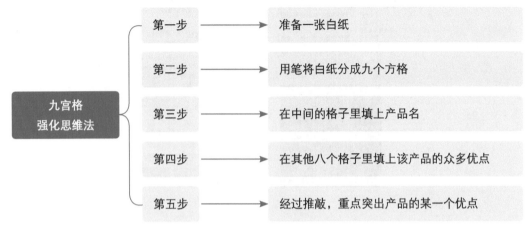

图4-13　运用九宫格将产品的众多优点一一列出来

举个很简单的例子，假设商家是卖面膜产品的，罗列出来的面膜功能可能有20多个，但是这么多的功能，真正能够让消费者记住的可能没有几个，那还不如强化消费者的记忆，重点突出其中的一个特点，例如美白滋润，那么以后消费者想要美白滋润面膜的时候就会立刻想到商家的面膜。

3. 多角度全面的介绍产品功能

运营者在朋友圈进行软文营销的时候，关于产品的介绍要从多个角度出发，除了介绍产品的主要功能，还可以介绍以下内容，如图4-14所示。这样做，能够让用户对产品有个综合了解。

图4-14　多角度全面的介绍产品功能

4. 进行零风险承诺完善售后服务

微信朋友圈虽然做的是熟人生意，但是随着时间的推移和生意的扩展，慢慢会有越来越多的陌生客户添加运营者微信，进入你的朋友圈，这时候，就需要通过打消买家的疑虑来获得买家的信任。

那么，运营者如何消除买家的疑虑呢？笔者建议大家可以进行零风险承诺，承诺如果买家不满意，就可以退款，或者免费提供相关的服务，以此来提高买家的购买体验，让他们满意了，市场才会慢慢打开。

5. 及时回复用户消息与常见问题

在朋友圈软文中，运营者最好尽可能将客户会遇到的常见问题进行解答。你考虑得越详细，客户才会越满意。

4.2.3 3种形式，轻松吸引消费者的目光

在朋友圈的营销中有3种形式最容易吸引客户的目光，让客户对产品有阅读的兴趣，包括短图文式、长图文式以及长图片式。

1. 短图文式，使用率最高的朋友圈广告

在朋友圈中做产品营销时，简单的广告虽然成本比较低，不需要付出太多的金钱，操作形式简单，适合不太懂得电子设备和软件的人使用。更重要的是，在一个品牌的初始阶段，相对基础的广告其实更为重要。

在你的私域流量还没到稳扎稳打的阶段，最好还是从"一对一"的贴心服务开始做起，在朋友圈选择最简单、却又最贴近群众的广告形式，如图4-15所示。

图4-15 相对基础又贴近群众的广告形式

在朋友圈中还有一种短图文式的广告，是企业投入微信平台的一种广告类型，需要付广告费，每一位微信用户都可以在自己的朋友圈中看到该广告信息。不过，这种类型的广告适合资金实力比较雄厚的大型企业。图4-16所示为步步高超市在微信朋友圈中发布的活动广告，用户可以直接领取优惠券。

图4-16　企业在朋友圈中发布的广告

专家提醒

　　通过以上案例我们可以知道，运营者在选择广告形式的时候，一定要从品牌自身的实际情况出发，努力寻找正确的广告模式，而不是盲目地投入。

2. 长图文式，文字图片信息较多的广告

长图文式的广告形式可以传递更多的信息，但是过长的内容通常会被折叠。第一种被折叠得只剩一行，第二种被折叠一半。这是因为微信系统对文字数目有要求，太长不利于用户读到其他好友的信息，所以会将这些内容进行折叠，如图4-17所示。

3. 长图片式，以图片承载文字与图片的广告

在朋友圈内发送广告，除了最传统的"图片+文字"以外，还有一种形式，那就是直接放一张后期制作好的长图片。那么，用长图片的好处有哪些呢？

（1）所阐述的内容更加丰富。比起折叠式，还需要用户动手点开，明显长图片更加简单明了，并且所包含的内容可以更加多样。任何想要在广告中表达的信息，商户们都可以通过长图片阐述出来，不用担心字数的限制。

（2）排版和色彩可以吸引眼球。比起"文字+图片"的传统模式，长图片式可能会更加引人注目。因为它可以往里面添加许多可爱的图标与贴画，文字和图片也可以穿插出现，更直观，更加引人注目。

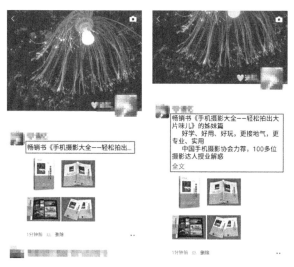

图4-17　长图文式的内容会被折叠

甚至，运营者还可以将产品画成漫画，用长图片呈现出来，发送至朋友圈。这种营销方式新颖独特，引人关注。

图4-18所示为长图片式的朋友圈广告形式，这种广告形式可以展示更多的产品信息和文案内容，方便运营者宣传和推广自己的产品，实现私域流量变现。

图4-18　长图片式的朋友圈广告

4.3

建立信任：快速和陌生人产生情感关系

私域流量运营者在朋友圈进行营销活动时，由于一些不恰当的刷屏，常常会受到朋友圈好友或粉丝的排斥、屏蔽、拉黑，这样不但使营销活动大打折扣，还会影响与好友建立的情感。本节主要介绍建立互相信任、打造良好的朋友圈营销氛围的各种方法，希望大家掌握。

4.3.1　5大技巧，吸引陌生人关注你

运营者想要在朋友圈赢得好友的好感，增加信任感，需要多提升自己的存在感，展现帅气甜美的形象，"颜值"越高吸引力就越强，可以间接引发情感上的共鸣。下面介绍吸引陌生人关注你的5大技巧。

1. 形象帅气甜美

谁都喜欢高颜值的事物，如果是帅哥美女，那么对于与陌生人的交流来说就是一把利器，通过高颜值还能吸引到不少粉丝与追随者。所以，运营者在朋友圈除了发产品广告外，还要多发一些个人照片、自拍照、旅行照等，身材越好越能吸引到陌生人的关注，多展示自己帅气、甜美的形象。

2. 表现高端品位

一个有眼光、有品位、有格调的人，通常都具有足够的人格魅力，更能被人所喜欢、所追逐。因此，朋友圈不要发低俗不雅的信息，而要发有一定品位格调的、源于生活又高于生活的内容，让客户觉得你是一个具有人格魅力的人。

3. 展示学识渊博

俗话说：光说不练，假把式。在朋友圈中，运营者不仅要让客户看到你的远大理想、奋斗目标，更要让好友看到你的成功、你的努力，知道你是一个有真才实学的、能给身边的人带来益处的人。

运营者在朋友圈中可以分享一些成功的案例，可以是自己的也可以是自己带的团队的，也可以将朋友圈的背景墙设置为比较有学识或成就的类型，如图4-19所示。

图4-19 将朋友圈的背景墙设置为比较有成就的类型

当然，运营者自己也需要经常去参加一些培训机构组织的培训课程，休闲之余不断地学习、充电，这样才能不断进步，同时把自己学习理解到的知识、技巧分享到朋友圈中，既能给团队、代理做一个学习的榜样，又能让客户看到你的成功、你的真才实学。

4. 体现个人情怀

我们不能否认的是，在朋友圈里一直打广告的人确实不太惹人喜欢。毕竟当运营者们执意要将广告植入他人私生活时，当时就应该考虑到可能不被人接受这一点。聪明的运营者在日常的营销中也会尽量融入一些充满个人情怀的内容，这样不仅不会引人反感，甚至会让人喜欢上他的文风，期待每天看到他发的朋友圈。

因此，运营者要多发一些有个人生活的内容，会使你在朋友圈好友中脱颖而出，成为朋友圈中的红人。并且，分享生活中的点点滴滴，也是最容易让别人与你产生互动的方法。

5. 有很强的上进心

无论是哪个时代，一个具有远大理想、勇于拼搏、敢于奋斗的人都更容易引起人们的关注和鼓励。因此，运营者在分享朋友圈的时候，最好多发布一些正能量的内容，不管你是什么性别、什么年龄，有梦想、敢于追逐，什么时候起步都不算晚。运营者要让人觉得你积极向上，有很强的上进心，努力奋斗，感受到你个人的热情与温暖。这样，你不仅能够激励到朋友圈中的客户，还能提高他人对你的评价与看法，吸引人们的关注，让朋友圈的人更加信任你，支持你的事业。

4.3.2　6种分享，朋友圈内容的情感利器

在微信朋友圈中，运营者除了进行营销时需要发产品的图片和基本信息以外，为了让客户信任自己，也可以分享一些工作内容、工作环境、工作进展等，这些都是与客户增进关系的情感利器。

1. 分享辛苦

在大多数人群眼里，那些高高在上、拥有流量的大咖都是很轻松的，表面上非常光鲜靓丽的，既有钱赚、又轻松。很少有人知道，他们背后的努力和付出。

因此，运营者在朋友圈营销过程中，平时除了在朋友圈中发产品的图片和产品信息之外，还可以偶尔跟客户诉诉苦，将自己辛苦工作的历程与情景分享到朋友圈，让好友看到一个努力认真为这份事业打拼的自己，赢得他们的信任。

2. 分享激情

生活不仅有辛苦，还有着为梦想奋斗的无限激情，想要得到客户对你的认可，就要有可以激励人心的感染力。

运营者可以在朋友圈中分享自己或团队积极乐观、拼搏上进且富有激情的内容，或是一些大咖的成功案例，这样能起到鼓舞士气的作用，潜移默化下，客户也会对你更加信任，如图4-20所示。

图4-20　在朋友圈中分享自己拼搏上进的内容

3. 分享团队

运营者只有团结互助才能促进团队的强大，团队强大了，在私域流量变现的道路上便能走得更长久。在朋友圈中分享自己的团队、分享团队培训、上课等一系列活动

的照片，让客户知道，你并不是一个人，你所从事的事业和销售的产品都是有一定权威性的，是有团队一起经营的，让客户可以对你产生信任感。

4．分享资质

相同种类的产品，售卖的肯定不止你一家，怎么让客户相信你、购买你的产品呢？首先一点，运营者做的是可持续性的、长久的运营，那么就要保障产品品质，有口碑，才能带来销量。

运营者可以把与自家产品相关的新闻、明星代言的视频、质检合格证明等信息分享至朋友圈中，有图有真相，这样才更有说服力。

5．分享体验

这里的体验，是指使用产品后的体验效果，在朋友圈中多分享产品的体验效果，并截图发朋友圈，可以增加一定的可信度。

第一个使用产品的自然是运营者自己，可以将自己使用产品时的过程拍照或拍个小视频分享在朋友圈中，并和客户分享使用后的效果体验，引导客户购买产品。客户用过后的使用体验跟你一致，会促使他们再一次购买你的产品，还能获得客户对你的认可，效果好还会帮你做宣传，如图4-21所示。

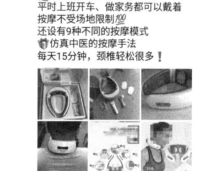

图4-21　将自己使用产品时的过程拍照分享至朋友圈

6．分享感悟

站在巨人的肩膀上，可以离成功更近。人们总喜欢看成功人士的演讲和他们取得成功的故事案例，这反映出人们内心对成功的渴望，希望能从中得到启发或者说找到成功的捷径。

而我们在做私域流量变现时，每个人的收获都不一样，心得感悟也是不一样的。所谓"前人栽树后人乘凉"，这句话不是没有道理的，运营者在朋友圈中可以多发一些事业上的心得感悟。可能一些刚入门的粉丝人群，会对这些心得感悟产生不一样的联想启示，有所收获。

4.3.3 4种技巧，占领朋友圈的碎片时间

在朋友圈做营销，我们要合理地抓住用户刷朋友圈的时间，这样才能在关键时刻发挥信息的作用。下面介绍4种占领朋友圈碎片时间的技巧。

1．早上7：00—9：00，发正能量内容

早上7：00—9：00的时间段，正好是大家起床、吃早餐的时候，有的人正在上班的路上，在公交车上，这个时候大家都喜欢拿起手机刷刷朋友圈、刷刷新闻。运营者可以发一些关于正能量的内容，给好友们传递正能量，让大家一天的好精神从阳光心态开始，这样最容易让大家记住你。

2．中午12：30—13：30，发趣味性内容

中午12：30—13：30的时间段，正是大家吃饭、休闲的时间，上午上了半天班，有些辛苦，这个时候大家都想看一些放松、搞笑、有趣的内容，为枯燥的工作时间添加几许生活色彩。

中午大家吃饭的时候，也有刷手机的习惯，有的人是边吃饭边刷手机，特别是一个人吃饭的时候。所以，这个时候运营者可以发一些趣味性的内容，也能引起朋友圈好友的关注，让大家记住你、记住你的产品。

3．下午17：30—18：30，发产品的内容

下午17：30—18：30的时间段，正是大家下班的高峰期，大部分人都在回家的路上，这个时候刷手机的人也特别多，工作一天的疲惫心情需要通过手机来排减压力。此时，运营者可以好好抓住这个时间段，给产品好好做做宣传，可以发布一些产品的特效以及产品成交的信息。

4．晚上20：30—22：30，发情感的内容

晚上20：30—22：30的时间段，这个时候大家都吃完饭了，有的躺在沙发上看电视，有的躺在床上休息，大家的心境是比较恬静的，睡前刷朋友圈已经成为年轻人的生活习惯。所以，这个时候发发情感方面的内容，最容易打动你的好友。

4.4
11种方法，海量导流火爆朋友圈

在利用朋友圈打造私域流量池时，想要获得微信朋友圈的人气，拥有更多的好友和粉丝，就要增加自己的曝光率，将焦点引导到自己的产品上。用好微信扩充朋友圈的功能，有助于吸引更多粉丝的关注，让自己的好友越来越多。本节介绍11种吸粉引流的技巧，帮助运营者快速获取大量粉丝，火爆朋友圈。

4.4.1 实体门店引流的诀窍

有实体店的老板，能够运用微信渠道来进行更多的互动和交流，这样就会有更多的回头客，稳住客户，形成良性的关系。实体店是一种很好的增粉渠道，想做微信营销的人一定要好好利用这个资源。实体店的好处有如下几点，如图4-22所示。

图4-22　实体店的好处

实体店拓展粉丝的方法有几点，如图4-23所示。

图4-23　实体店拓展粉丝的方法

做到以上的几点后，要做的就是坚持坚持再坚持。这样，客户就算现在不买，过段时间也会买你的产品。

4.4.2 手机QQ的引流技巧

作为最早的网络通信平台，QQ平台的资源优势和底蕴以及庞大的用户群，都是私域流量运营者必须巩固的阵地，QQ群、QQ空间就是大家引流的方向。

1. QQ个性签名引流

QQ个性签名是和QQ头像、QQ昵称一样会直接在QQ好友栏显示的信息，但QQ头像展示的内容有限，QQ昵称又可能被备注覆盖，所以QQ个性签名更加适合进行引流。运营者只需通过编辑个性签名，就可以将需要引流的微信号信息展现在自己的QQ好友栏中。

2. QQ群引流

目前，QQ群分出了许多热门分类，营销者可以查找同类群并加入进去，进群之后，不要急着推广引流，先在群里混个脸熟，之后可以在适当时间发布广告引流。关于在QQ群内利用信息推广实现引流的方法，如图4-24所示。

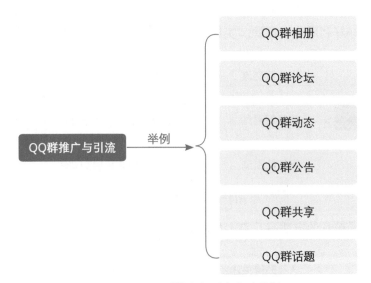

图4-24　QQ群推广与引流方法举例

就QQ群话题推广与引流方法而言，可以通过相应人群感兴趣的话题来吸引QQ群用户的注意力。如在摄影群里，可以发布一段这样的内容：小伙伴们，我今天关注了一个微信号——手机摄影构图大全，里面有篇文章写得很好，是关于手机摄影的构图技法和辅助配件的，有兴趣的一定不要错过。

3. QQ空间引流

下面介绍6种常见的QQ空间引流方法，如图4-25所示。

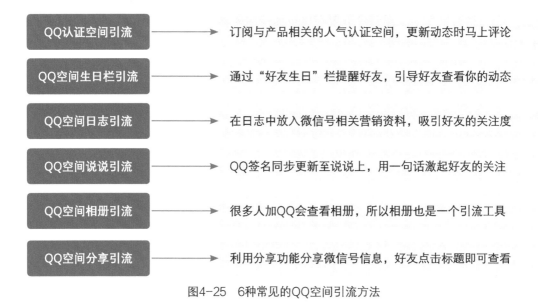

图4-25 6种常见的QQ空间引流方法

4.4.3 活动引流不得不知的小技巧

营销是要靠活动支撑的，如果只是单纯的广告植入，它的关注度和阅读率是很低的。运营者的微信要想吸引众多粉丝，活动推广也是其中重要的一环。

1. 线上投票活动

在微信公众平台，运营者可以通过发起投票活动的方式来吸引粉丝。

（1）进入公众平台管理界面，点击左侧"功能"下方的"投票管理"按钮，如图4-26所示。

（2）进入"投票管理"页面，点击"新建投票"按钮，如图4-27所示。

图4-26 点击"投票管理"按钮   图4-27 点击"新建投票"按钮

（3）执行操作后，运营者只要在该页面按照要求填写相关的活动内容即可，如图4-28所示。

图4-28　填写相关的活动内容

专家提醒

在编辑投票内容的时候，有哪些注意事项呢？具体有以下几个方面。

•选项不能为空，且长度不能超过35个字。

•投票最多可设置10个问题、每个问题最多设置30个选项。

•投票截止时间只能在当前时间之后的半年之内。

•投票内容一旦删除，投票数据无法恢复，且图文消息中不可查看。

•投票图片为300像素×300像素，格式png、jpg、gif，大小不超过1M。

•投票将统计该投票在各个渠道的综合结果，包括群发消息、自动回复等。

2. 线下活动引流

线下活动的种类众多，如图4-29所示，这些都是人流集中的活动场合，运营者可以通过这些活动实现营销引流。

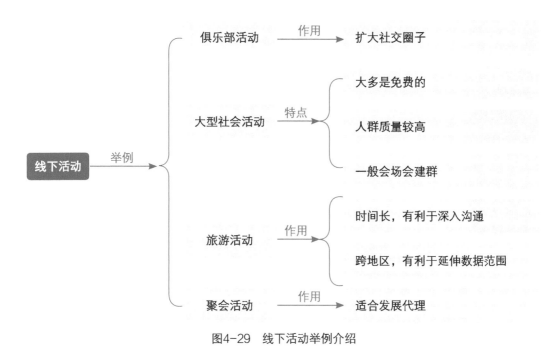

图4-29　线下活动举例介绍

在众多线下活动的选择中，应该注意从以下4个方面着手，如图4-30所示。

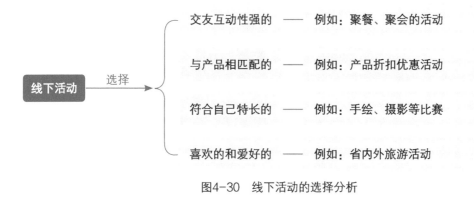

图4-30　线下活动的选择分析

4.4.4 通过今日头条给微信导流

今日头条媒体平台可以帮助运营者扩大自身影响力，增加产品曝光率和关注度。运营者要想把今日头条渠道运营好，就必须在多个模块上下功夫，举例介绍如图4-31所示。

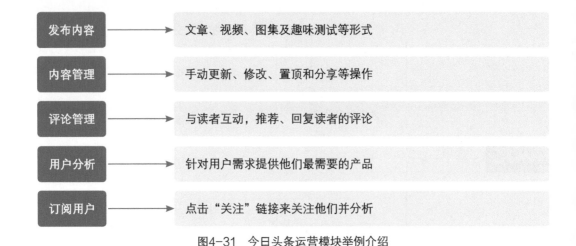

图4-31　今日头条运营模块举例介绍

如今，很多已经成为个人IP的网络红人都开通了头条号来传播自己的品牌，实现内容变现的目标。对于用户来说，可以获得更好的使用体验，而对于运营者来说，可以拴住更多用户的"心"。

图4-32所示为头条号"手机摄影构图大全"发布的摄影文章，并推荐了学习摄影的相关书籍，文章中顺势放入了作者的微信号。

图4-32　通过内容引流

下面介绍在今日头条中编辑文章露出微信号进行引流的具体操作方法。

（1）打开今日头条网站，注册并登录今日头条账号，进入后台管理界面，单击"发表"按钮，在弹出的列表框中选择"文章"选项，如图4-33所示。

图4-33 选择"文章"选项

（2）进入"发表文章"页面，在其中输入标题与正文内容，将微信号与公众号嵌入文章内容中，以达到吸粉引流的目的，如图4-34所示。

图4-34 将微信号与公众号嵌入文章内容中

> **专家提醒**
>
> 　　大家都知道，今日头条有一个与微信公众平台完全不同的地方，那就是微信公众号推送图文内容的第一次传播只是公众号的用户；而头条号推送的内容，第一次传播是由推荐量决定的，如果推荐足够多，即使在粉丝少的运营阶段，也可以瞬间打造爆款，获得大量用户阅读和关注。

4.4.5 新媒体矩阵引流，原来这么简单

　　说到营销引流，新媒体平台是必不可少的，如今它是互联网中有着巨大潜力和机会的营销渠道，是定制的引流平台。下面介绍各大新媒体平台是怎样进行渠道营销引流的，如图4-35所示。

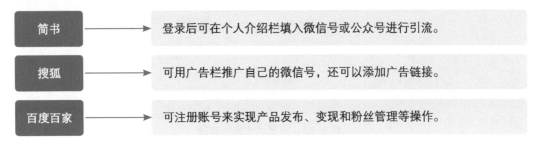

图4-35　新媒体平台引流法

　　以"简书"为例，不仅可以通过回复读者留言引流，在"个人介绍"栏内还可以添加自己营销的微信号或公众号，如图4-36所示。当鼠标移至微信标志上，还可以弹出二维码。

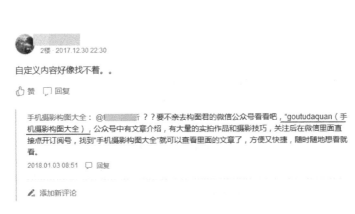

图4-36　简书引流示例

4.4.6　利用淘宝、当当等电商平台评论引流

　　电商渠道是获得流量和利用流量进行推广和营销的主要渠道之一，特别是在移动电商高速发展的情况下，淘宝、京东、当当等电商平台被更多的运营者加入到推广领域中，且策略越来越成熟，方式多样化越来越明显。

　　人们在购买商品时都习惯去看评论，聪明的运营者就会抓住消费者的这个心理，在评论区进行引流。例如，在当当网上不用购买商品，也是可以评论的，运营者可以在评论区留下自己的微信号，如图4-37所示。

　　下面以"当当网"为例，讲解在电商平台写评论引流的操作方法。

　　（1）在当当网中打开相关图书链接，单击右侧的"我要写评论"按钮，如图4-38所示。

图4-37　当当商品评论区

图4-38　单击右侧的"我要写评论"按钮

（2）弹出评论页面，在"短评"页面中输入相应的评论内容，并写上微信号，吸粉引流；单击下方的"发表"按钮，如图4-39所示，即可发表评论成功。

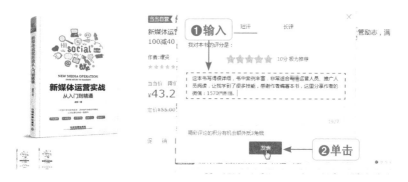

图4-39　单击下方的"发表"按钮

4.4.7　利用微博"@"功能引流

运营者进行微博营销的过程中，"@"这个功能非常重要，有时候在博文里

"@"名人微博、知名博主的微博、媒体微博或者企业微博等。如果这些媒体或名人回复你的内容，那么很有可能获得一批粉丝的关注，从而扩大了自身软文的影响力。

运营者还可以通过知名博主的微博来"@"企业自身，也就是直接借助知名博主来给自己打广告的意思。另外，在与粉丝私信聊天的过程中，运营者可以将粉丝引流至微信中，方便集中管理。

4.4.8 百度引流这6个方法，轻松吸引精准粉

当你问别人问题的时候，是不是常常会得到"百度一下你就知道"这样的回答？这句话其实就足以显示出百度的实力了，这么多年过去了也依然是人们获取信息、查询资料的重要平台，利用好了，产品营销更有效率。

所以，用百度平台引流到微信，是私域流量运营者不可错过的选择。百度平台上开展引流活动时通常将以下几个百度产品作为主要途径。

1. 百度百科

在百度上搜索某一个关键词时，排在首页里的一定少不了一个词条，就是和你搜索的关键词相关的百度百科。运营者可以将公众号或者产品信息插入百度百科中，进行吸粉引流，如图4-40所示。运用百度百科引流具有4个特点，成本低、转化率高、质量高、具有一定权威性。

图4-40　在百度百科内容中插入公众号信息进行引流

2. 百度知道

"百度知道"是一个分享提问答案的平台。百度知道引流法是指在百度知道上通

过回答问题的方式，把自己的广告有效地嵌入回复中的一种方式，它是问答式引流方法中的一种，其特点如图4-41所示。

图4-41　百度知道引流特点

3．百度文库

百度文库是一个互联网分享学习的开放平台，利用百度文库进行引流的关键点共有3个。下面笔者将对这3个关键点一一进行讲解。

（1）设置带长尾关键词的标题。百度文库的标题中最好包含想要推广的长尾词，如果关键词在百度文库的排名还可以，就能吸引不少的流量。

（2）选择的内容质量要高。在百度文库内容方面，推广时应尽量撰写、整理一些原创内容，比如把一些精华内容做成PPT上传到文库。

（3）注意细节问题。在使用百度文库进行引流的时候，也需要注意一些细节，具体如下。

● 注意内容的排版，阅读起来舒服的内容更容易被接受。

● 注意文库的存活时间，文库很快就被删掉便实现不了效果。

4．百度贴吧

百度贴吧是一个以兴趣主题聚合志同道合者的互动平台。下面介绍百度贴吧引流的5个常用操作技巧。

（1）根据需要选择冷/热门贴吧。选择冷门贴吧和热门贴吧的区别是，冷门贴吧可以发外链、发广告，不会立马被删；而热门贴吧不能发外链和广告，但可以提高微信号的流量，同时竞争力也大。

（2）内容涉及宣传一定要用软文。帖子的内容是在贴吧发帖最重要的部分，这一部分把控的好与坏会直接影响贴吧引流的效果，所以运营者可以尝试在贴吧里发布软文，因为软文能够起到如图4-42所示的效果。

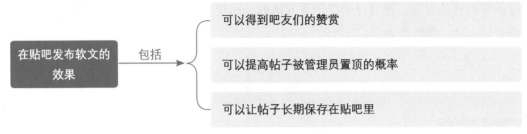

图4-42　在贴吧发布软文的效果

（3）内容结合时事热点进行引流。帖子要想成为贴吧中的热门帖，内容一定要结合时事热点，比如一些时事新闻或者娱乐八卦等，这样做的好处是吸引更多读者的注意力，激起好奇心，吸引更多点击率，提高平台的关注率。

（4）标题关键词设置要有吸引力。标题关键词设置的重要性已经不需要强调了，关键词越多，被搜到的可能性就越大。

（5）充分利用目前火爆的直播功能。目前各大平台的直播功能都很火爆，还出了专门的直播App。所以，贴吧的直播功能也是一个很好的引流方法。

5. 百度经验

百度经验的权重虽说没有百度百科、百度知道和百度贴吧高，但是百度经验作为一个高质量的外链效果还是很好的。百度经验的引流方法的设置如图4-43所示。

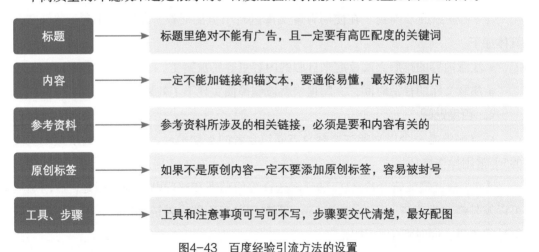

图4-43　百度经验引流方法的设置

6. 百度搜索风云榜

如何利用百度热词来进行引流呢？首先在电脑上打开"百度搜索风云榜"，寻找热门关键词，如图4-44所示，从实时热点、排行榜上，我们能够知道哪些关键词在百度上被搜索的次数较多，这些被搜索次数较多的关键词就叫作"热词"，然后运营者可以结合"热词"发软文，将自己的产品与关键词融合，在各大门户网站、论坛等发表这些融合了关键词的软文，这样，只要网友搜索关键词，就能看到相关的软文。

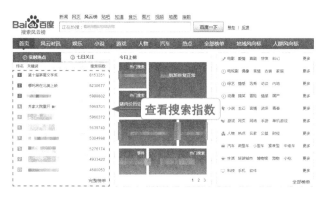

图4-44　寻找热门关键词

4.4.9　巧用包裹二维码，让流量订单飞起来

很多微信公众号将"扫描二维码添加关注"这一增加粉丝的方式贯彻得十分彻底。作为个人号运营者，也应该学习公众号的方式，使用一切办法将自己个人的微信号二维码散播出去。

除了一些比较传统的宣传方式以外，运营者还可以将二维码附在包裹上方便买家扫描。因为大家在收到商品的第一时间，都会习惯性地检查一下外包裹，看看完整与否。而现在大多数人看见二维码可能都会习惯性地扫描一下。所以，商品的包裹就成了一个非常合适的、放置二维码的地方。

到底在什么样的情况下，需要往包裹上贴二维码呢？如图4-45所示。

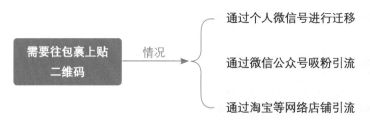

图4-45　需要往包裹上贴二维码的情况

有些客户在淘宝、京东等网站上购买了商品，这家店主为了将普通客户发展成长期客户，就希望能够将这些客户添加到自己的个人微信朋友圈中，这样不仅方便售后的沟通，更能够打通进一步营销的关节。

当然，除了从其他网站进行引流以外，还有可能是某位运营者的个人微信号人已经满了，旧的微信号上由于亲友太多，为了方便营销，干脆重新申请了一个微信号专门用来做朋友圈营销，所以需要客户添加另一个账号。

甚至是这位运营者又发展出另一门生意来，为了客户的积累，就将原来的老客户又发展成某种新生意的客户。无论原因是什么，方便客户查找与添加都是运营者第一个需要考虑的因素，在包裹上附上二维码的方式对客户来说确实相当便利。

4.4.10 图片上加水印利于百度图库收录

图片加水印引流法是一种利用能够实现链接或易查询的水印，如二维码、微信公众号，一个不够明显可以加两个，从而实现引流的方法。图片加水印引流法是有利于百度搜索引擎收录的，因而具有极大的优势。那么，这种方法应该如何进行操作呢？其实非常简单，如图4-46所示。

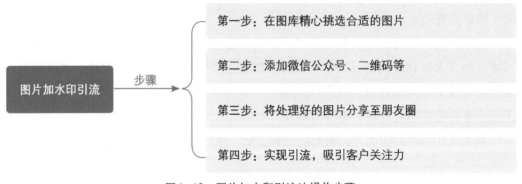

图4-46 图片加水印引流法操作步骤

4.4.11 H5是微信引流利器，引流变现通吃

H5已经成为微信平台的引流新利器，很多企业会通过H5制作出一些小游戏来吸引用户，最早的比较吸引人的H5小游戏要属《围住神经猫》了，这款游戏在朋友圈里引起了疯狂的转载和讨论。

对于运营者来说，H5的最大优点是可以通过在线更新和不断优化，带来更多的广告展示、流量转化等多项KPI（Key Performance Indicator，关键绩效指标）数值的增长。例如，我们可以在微信上看到很多不错的H5，或者是其他好友主动分享给你的H5，好友之所以愿意分享，说明这些H5有价值点，那么它们是做得比较成功的。

通过H5引流，运营者所需要花费的只是H5页面的设计成本和维护成本，投入的资金并不算多。与传统的营销方式相比，H5可以更好地激起用户的阅读和分享欲望，甚至有些优秀的H5可以实现数亿级的曝光量。

要想通过H5活动实现微信公众号粉丝数的裂变增长，可以紧扣各种热点事件来策划活动内容，从而快速提高粉丝活跃度，并借助热点活动的裂变效应来引爆粉丝。

例如，在七夕节前夕，"美的服务"公众号就利用H5活动，只用了一个晚上便吸粉6万多人，如图4-47所示。据悉，活动持续了3天，浏览人数近10万，参与人数也达到9万多，分享次数达到4万多，效果非常好。

图4-47　"美的服务"的H5吸粉活动

除了该公众号本身粉丝众多外，美的服务还利用奖品设置和推文设置，大大地提高了活动的参与人数。

信任变现：
朋友圈流量成交的全新打法

社会学大师查尔斯·格林在《可信赖的顾问》提到用一个公式来计算商业领域的信任，信任 = 可信度 × 可靠度 × 亲密程度 / 自我意识。这个公式不仅适用于微商，朋友圈的私域流量变现也是同样的道理，一旦用户信任你，你就可以更轻松、更长久的实现流量变现。

5.1

能力修炼：如何打造高端的个人IP品牌

个人IP的品牌建设是私域流量的运营目标，同时个人IP打造成功之后也有下一步的发展目标，即扩大IP的商业化和实现品牌的企业化，不断拓展私域流量池，实现品牌的全球化。

俗话说，"没有金刚钻，不揽瓷器活"。这里的"金刚钻"指运营者的个人素质，而"瓷器活"是指引流变现能力。本节主要介绍打造高端个人IP品牌的6项素质修炼，帮助大家迅速成为私域流量变现中的佼佼者。

5.1.1 坚持不懈，才能走向成功

坚持是运营者外在的行为表现，做过私域流量运营的人都能体会：坚持做和坚持做好私域流量是一件比盖百层高楼还要难的事，更像是修长城，比的不是建成的速度，而是长度和坚持。

所以，朋友圈中有些做私域流量变现的人，常常是这个产品卖一阵子，那个产品也卖一阵子，产品不好卖、利润不高时，就换产品卖。这样，他给朋友圈好友留下的印象是：这个人什么都卖，却没有一样能让人记住的产品，这是朋友圈做私域流量变现最忌讳的事情。如果不坚持专注某一款产品，就很难成功，因为得不到客户的信任，也不会有自己的铁杆粉丝和老客户。

做私域流量变现，需要运营者的坚持，但是也要注意将力气用在刀刃上，坚持是有方向性、选择性和灵活性的，坚持对了才叫坚持，坚持错了叫顽固，如图5-1所示。

坚持既有内在的，又有外在的。内在的坚持是做私域流量事业的理念、定位、宗旨不变；外在的坚持是做私域流量事业的经营方向、经营模式和经营平台不变。从根本上来说，只要内在的理念方针和定位宗旨不变，就不能说没有做到坚持。顺应时势、顺应粉丝，有方向性、选择性、灵活性的改变，是为了将私域流量的变现事业长久、长效地坚持下去。

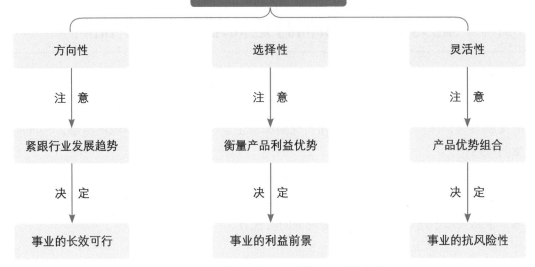

图5-1 坚持的方向性、选择性和灵活性分析

5.1.2 专注成就未来，必有收获

运营者在做私域流量变现时，对产品不够专注通常有以下3个方面的原因。

● 一是纯粹进来凑个热闹，并没有想要在这个行业作出一番作为的想法，这是态度问题。

● 二是意志力不够坚定，总想着借鉴他人，看别人做什么产品做得好就跟风，完全不考虑自己的定位和特长，这是眼界能力问题。

● 三是对其他工作投入太多，根本分不出精力来管理自己的产品，没有时间发朋友圈，没有时间与顾客沟通，这是时间问题。

做私域流量变现时，运营者需要专注于在某一领域深耕，这往往能解决一些能力上的不足。选好定位，做自己擅长的事，不要总是跟别人比粉丝、比盈利，否则有时候可能会越比较越迷茫。瞻前顾后、左右摇摆会毁掉自己的事业，把力道都集中在一个点上，就会有水滴石穿的效果。越专注，时间越长，随着你的经验和感情的积累，在粉丝心中会转化成认可、信任。

5.1.3 努力奋斗，才会有所作为

运营者要具备勤奋、废寝忘食的拼搏精神，认认真真，不怕吃苦，踏实做好每一份事业，才能通过私域流量得到丰厚的产出与回报。

比如，每天晚上8点到10点之间，是微店、淘宝等平台的黄金销售时间，因为这段时间是大家休闲、放松、刷手机的时间段，这个时候咨询产品的顾客也比较多，所以也是运营者最忙的时候。别人在看电视、刷新闻、购物，而你在陪顾客聊天、推广告、策划活动等，有些运营者这个时间还在各自的品牌团队中学习如何提升营销技巧、沟通技巧、服务技巧等。总之，努力勤奋才有丰厚的产出。

5.1.4 提高自己，扩大知识面

作为一个私域流量运营者，需要有非常丰富的知识和高强度的大脑。知识是内容创作的核心力量，也是一切文化事业的动力源泉。

如果缺少知识的储备，运营者的内容创作将缺少一个动力基础，即使勉强创作出来，也很难做到有说服力和吸引力。运营者需要多学习和多阅读有关技术技巧性的知识、社会知识、文化知识，慢慢积累文化底蕴和知识能量，厚积薄发。

朋友圈中的内容创作是一项高强度的脑力输出工作，并且是硬性的定期、持续输出，这经常困扰着运营者，感觉自己二三十年的学习积累和人生感悟，十几篇朋友圈文章就被掏空了，然后就失去了后续创作的灵感和动力。

运营者需要注意，朋友圈的内容如果广告性太强，容易被人屏蔽信息，所以文章内容都需要带有感情，让人有想看的冲动和欲望，这样才是好的内容。

5.1.5 炼成真正强大的商业能力

做私域流量是为了什么？肯定是为了卖产品、卖货、卖服务来实现私域流量的商业价值，所以运营者需要锻炼自己的营销和赚钱的能力，这种能力称为商业能力。有些运营者并不是天生的好口才，那么我们可以阅读这方面的营销书籍，学习如何在朋友圈提升产品的营销技巧。

5.1.6 面对逆境，增强心理承受力

做生意、做业务的人，都需要有强大的心理承受能力，特别是从事私域流量变现的运营者，因为他们在网上会碰到各种各样的顾客，买了产品之后各种刁难，有的要求退货（有的因为不喜欢，有的希望返现金），否则就给差评。这些压力一部分来自顾客，另一部分来自同行的打压。

这些问题都需要运营者一一攻克，需要强大的心理承受能力和沟通技巧，如果你的定力不够，可能就容易放弃。

5.2

粉丝维护：这样可以牢牢抓住核心客户

在朋友圈做私域流量营销过程当中，运营者永远都要遵循"顾客第一"的原则。运营者应该要努力与自己的客户搞好关系，留住客源，不断壮大客户群体，这样才能提高产品销量。本节主要介绍朋友圈的粉丝维护和提高客户黏性的多种技巧，帮助运营者通过朋友圈牢牢抓住核心客户。

5.2.1 为什么要进行粉丝维护

很多运营者可能会将重点放在如何发掘新客户、怎样让购买潜力变为实际购买力的问题上，却忽略了对已添加的客户关系的维护与发展，使得很多潜在客户大量流失。虽然通过不断地宣传与推广，你的微信号或者公众号的粉丝数量可以增长不少，但是运营者必须意识到的是，现有粉丝的数量也可能会大大减少。

这样下去，整个营销过程只会陷入恶性循环当中，不仅对流量变现没有任何好处，还有可能因为要支出大量的引流成本，造成很多不必要的损失。长此以往，个人IP的长期发展也会受到不少影响。

因此，运营者需要对粉丝进行维护，与老客户多沟通感情、沟通产品以及相关的售后使用心得等，让他们觉得自己被重视。

1. 潜力最大的还是老客户

很多商人在商品销售过后就当上了"甩手掌柜"，再也不去在乎老客户的感受。其实只要老客户对产品满意，成为回头客的可能性是十分大的，所以运营者应该尽力去维系与老客户之间的关系。

为了维持生意的长远发展，运营者一定要注重与老客户之间的关系，不断挖掘他们的潜在价值，拉动店铺的销售总量。想要达成这一目的，我们应该培养和维护好与老客户之间的关系，多与他们在朋友圈里互动，多去关心并且主动问候他们，与这些客户建立一个比较稳定且良好的关系。

维护与老客户关系有哪些好处呢？如图5-2所示。

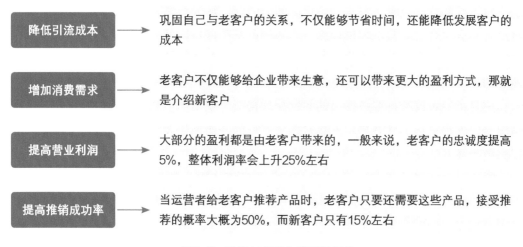

图5-2　维护与老客户关系的好处

综上所述，运营者应该多拿出一些时间来正确对待老客户，给他们更好的售前和售后服务，将他们身上还未挖掘的购物潜力全部激发出来，这才是正确的营销方式。

2. 多进行回访才能增加下单率

不论是新客户还是老客户，只要是对我们的产品有意向或者感兴趣，我们日常都要多进行回访。对于新客户，多回访可以增加他们的下单率；对于老客户，多回访可以表现出对他们的重视，让他们觉得自己有存在感，发挥老客户的消费潜力。

由于微信好友的庞大数量，以及工作强度的日渐增加，经营当中难免会遇到一些大大小小的问题。在这种情况下，运营者受到客户的抱怨也是在所难免的。不管如何，运营者应该要重视客户的每一次反馈，并且用心倾听他们所提出的问题与建议，然后多进行回访，如图5-3所示。

图5-3　多进行回访才能增加下单

对客户进行回访时，会收到客户不同的问题，这些问题能不能得到系统的解答和解决，是决定客户是否继续信任这一家店铺的基本评价标准。所以，运营者应该认真对待客户的每一次反馈，并将这些内容分门别类，具体问题具体分析，仔细地去解决所有的意见。

一旦运营者没有将客户提出的问题处理得当，或是根本就没当作一回事儿，这种情况会使你损失这部分客户。若总是因为忽略问题而损失客人，自然最后生意就只能以失败告终了。

所以，为了防止这种场面出现，运营者应该从源头制止各种让客户不满意的问题，用心聆听对方的意见，认真对待每一份反馈信息。

5.2.2　8大技巧，抓住客户提高黏性

客户是营销活动的终极目标，整个营销过程就是一个以客户为中心的运营过程。任何做私域流量变现的人都应该要记住，自己做的是长期营销而不是短期推销，不能存在"卖完东西拍拍灰就走"的想法。

营销要做的就是不断积累新客户、发展老客户，使自己的生意生生不息。当然，在销售过程中，运营者也可能会遇见不太想要购买产品的客户，对于这种人，也不能置之不理，而是应该循序渐进地引导对方，去和他发展关系，慢慢将对方拉入生意圈中。下面通过8大技巧，介绍抓住核心客户并提高客户黏性的方法。

1. 抓住客户痛点，解决痛点

运营者要找到有需求客户，有针对性地解决客户的痛点，这样才能抓住客户。运营者先要与客户进行沟通交流，了解客户需要解决什么样的问题，然后再推荐相关的产品，真正站在客户的角度为他着想，得到客户的信任，这样才能使他成为你的铁杆用户或粉丝。

2. 多进行互动，增强客户黏性

在朋友圈营销中，为了与微信好友们培养一个比较稳固的关系，运营者应该要尽量多地与好友进行互动。运营者想要在朋友圈赢得好友的好感，增加信任感，要多提升自己的存在感，关心自己的核心好友，其中点赞加评论是最有效的方法之一。

利用微信点赞方式让好友记住自己，还能得到被好友关注的机会，原理是：先付出，再求回报。

- 看到好友聚会很开心，评论一下，分享快乐。
- 看到好友发看电影的状态，评论一下，可以讨论剧情，有利于互动交流。

● 看到好友晒体重，无论长胖了，还是变瘦了，都可以评论关心一下。

● 还有看到朋友圈发表对于未来的期待和自我激励的状态时，要及时点个赞，表示对好友的支持和鼓励，好友看到了也会觉得欣慰的。

运营者可以通过这种互相分享心情的方式，逐渐与对方发展友好的关系，使双方成为无话不谈的好友，为这些私域流量未来的变现打下坚实的基础。

3. 以感情为基础，打动用户的心

运营者在进行朋友圈营销的过程中，如果只是循规蹈矩地发一些无趣的广告内容，肯定是没有几个人愿意看的。但是如果我们能将广告内容加以修改，添加一些可以吸引人眼球的元素，说不定能让客户抽出一些时间来读完整个广告。

一般来说，最能够引起群众注目的话题自然就是"感情"。用各种能够触及对方心灵的句子或是内容来吸引别人，也就是所谓的"情感营销"。因为在如今这个社会，由于物质生活的不断丰富，大家在购买产品时，已经不那么看重产品本身的质量与价格了，更多的是追求一种精神层面的满足，一种心理认同感。情感营销正是利用了用户这一心理，对症下药，将情感融入营销当中，唤起消费者的共鸣与需求，把"营销"这种冰冷的买卖行为变得有血有肉起来。

因此，在朋友圈营销中，运营者也应该抓住客户们对情感的需求。其实不一定非要是"人间大爱"，任何形式的、能够感动人心的细节方面的内容，都可能会触及不同客户的心灵。

4. 增强客户体验感，消除购买顾虑

很多时候，客户不愿意购买你所推荐的商品，主要是因为他对你还不够信任，对你所描述的内容持怀疑态度。这个时候，运营者必须明白，当对方不相信你所说的一切的时候，就算你讲到口干舌燥，对方还是不会相信你。

此时，我们到底要如何才能让客户不再怀疑进而相信自己所有的描述呢？答案当然是直接拿出实际的物品来取代空洞的词汇——即用产品本身的功效来证明产品描述的正确性。准确来说，就是增强客户的体验感。

当然，微信朋友圈是线上营销，没有办法制造出购物的实际体验感，这点非常遗憾。但是，运营者可以试着增加产品使用的体验感。对于护肤品、化妆品、零食等可以拆分的产品，增加用户的体验感还是比较简单的，直接送对方一些商品的小样，让他们先感受一下，如果好用或好吃，他们自然会选择购买。

而那种相对来说比较大件的商品，特别是电子商品能不能体验呢？其实也可以。但最好是针对诚信意识比较重的、比较有购买意向的客户。让对方适当交一些押金，

把商品寄给对方让他们感受一番。

5. 多平台建立媒体矩阵，拓展客户

除了微信以外，网络上还有很多社交平台。做朋友圈营销的运营者，也应该将眼光放长远一些，不能只看到朋友圈，而是应该想尽办法认识更多的人，与对方成为朋友，不断挖掘他们身上潜在的购买力。

这就要求运营者想尽办法通过别的社交软件与客户们进行沟通，提高产品的人气，通过平等的沟通与客户们打成一片，成为朋友，为自己生意的长远销量打下坚实的基础。

6. 这几招教你将新客户发展成老客户

不论卖什么产品，运营者都应该尽量做到持续跟踪客户，只有这样，才能让对方感受到你的诚意。那么如何才能做到有效地跟踪呢？下面为大家详细介绍3种方式。

（1）独辟蹊径寻找跟踪方式。因为只有"不一样"，才能给对方留下深刻的印象。比如，别人都用微信跟踪客户，那我们就可以试着写一封信与客户进行交谈。手写的文字无论如何都要比微信上面冷冰冰的标准字体更让人感兴趣，也更能让人投入心思去阅读和回复。

因为大家都知道，写一封信并不是那么轻松的工作，它可能要耗费写信人不少的时间和精力。大部分人都会尊重写信者的心情与劳动成果，自然就会认真地与其沟通交谈，而不只是随意敷衍了。

（2）找一个合适的借口。在跟踪客户的过程中，运营者每一次在与客户交谈之前，都需要有一个合适的主题开始对话。如果只是选择一味地去推销商品，上来就给客户介绍新产品，询问他们要不要购买等，对方恐怕连一个最基本的回复都不愿意给。

所以一般来说，聪明的运营者会选择一个避无可避的话题开始这段对话，然后再慢慢地将话题导向别的方向。可行的话题还是很多的，比如询问对方对公司客服的看法、对产品的意见等。

（3）注意跟踪的时间间隔。跟踪客户的时间间隔也是一个需要仔细思考与对待的内容，因为时间间隔太短会让人厌烦，太长又容易让对方忘记你的存在。一般来说，2~3个星期进行一次跟踪调查是比较好的选择。

　　运营者在每次跟踪调查时，都不要显露出太强烈的销售欲望。必须要明确，跟踪的主要目的是帮助客户解答关于产品或服务的问题，甚至是去了解客户，摸清楚他们真正想要的，从而为他们创造价值。

　　平均来说，每三次跟踪才能成交一笔生意，所以运营者在跟踪过程中一定要有耐心，尽量不要随意放弃任何一位客户。除了一直要坚持跟踪客户以外，运营者还必须弄清楚在跟踪客户全过程中必须要注意的事项，下面为大家详细分析几点。

　　（1）记录沟通情况。运营者每次在与客户沟通完毕后，都应该记录好所有的情况，比如沟通的具体时间、沟通的次数、沟通的内容、客户的具体情况等，方便下一次与客户沟通，也不会因为客户太多而弄混了信息。

　　（2）写"感谢信"。新客户在购买商品时，运营者可以随产品带一封亲手写的"感谢信"，以此来表达对客户的谢意，也能让对方感受到商家的诚意。

　　（3）写信邀请购物。当运营者发现有些客户很长时间没有来消费时，可以针对这些老客户，做一些优惠活动来激发他们的潜在消费需求。

7. 高手都这样解决产品售后问题

　　售后服务是朋友圈商品售卖过程中非常重要的一步，这一步有没有做好会直接影响到客户的复购率。为了让对商品有售后问题的客户能够快速地进行投诉，运营者最好能够开设一个"投诉快车道"，比如设置一个专门用来投诉的电话号码，24小时开机，随时能够接收来自客户的异议。

　　除了接受投诉时要快以外，处理客户问题的速度一定也要快。客户是不会等人的，一旦他认为售后服务不到位，就可能立马换一家店铺，去购买其他品牌的商品，所以运营者只要接到投诉，就一定要以最快的速度处理。

　　一般来说，售后问题主要是以下三个，第一是产品本身质量问题，第二是错发引起的问题，第三是漏发引起的问题。下面进行详细分析并提出合理的解决方案。

　　（1）产品本身质量问题。其实准确来说，产品质量问题有大有小，运营者应该分类对待，而究竟是大是小，主要还是取决于你所售卖的商品。

　　如果是化妆品、保健品等一些内服外用的产品，那质量问题就必须引起高度重视，所有商品都得全部给客户换掉或是退款，甚至进行赔偿。无论如何都必须使客户满意，不然以后的生意将会受到很大的冲击。

如果是衣服或是小型家具等商品，情况就会缓和一些。运营者可以询问对方到底是哪方面的问题，如果只是一些小细节，比如衣服纽扣不紧、组装柜的螺丝有些松等，就可以和对方协商，能不能返给他们一些钱然后客户自己动手处理一下，如果遭到拒绝再商量退货的事情也不迟。

（2）错发。错发比较好处理，如果对方喜欢，那商家就补个差价便不用换了，如果对方并不满意那就退货重发。

（3）漏发。漏发一般有两个处理方式，补款或是补货。这点就需要运营者和客户好好沟通，看看哪种方式对方更能够接受。如果碰上脾气火爆一些的客户可能语言会比较冲动，这个时候运营者一定要想尽办法安抚对方，甚至退一步给对方一些补偿。无论如何，永远都不要得罪客户，尽量留住每一位客户。

8．鼓励客户提出建议，优化工作

在微信朋友圈营销中，微信好友便是我们的客户。好友越多，客户就越多，订单也越多。想要成功地在微信朋友圈中经营下去，微信好友们便是支撑你的私域流量变现的全部力量。

其实，客户不仅仅只是产品的购买力量，同样也是宣传力量，甚至是运营者对产品进行改进的最大建议群体。运营者应该要不断挖掘这些客户的价值，听取他们的建议，不断完善整个经营过程，最终形成自己的特色，吸引更多的客户关注你。

客户的建议对于运营者来说，真的十分重要。因为他们可以站在消费者的角度上告诉你，他们真正需要的到底是什么，而你还欠缺些什么、有哪些没有做到位。在面对客户的建议时，有以下3个原则是必须要遵守的。

（1）鼓励客户提出建议。其实，让人提建议就像是课堂上老师让学生提问题一样，很难碰上真正愿意主动的人。一方面大家是怕麻烦，提了意见可能会被一直打扰，问很多关于这方面的问题，令人厌烦。另一方面则是害怕运营者觉得这个建议没有什么用，直接否认会伤到自己的自尊心。

所以，遇上愿意主动提建议的客户，那肯定是求之不得的。这个时候就需要运营者主动一点，去鼓励客户提出一些不满意或是他觉得还能够完善的地方，主动向对方表明你一定会重视他所提出来的意见，甚至可以采用资金上的鼓励，给那些提出好建议的客户们提供优惠政策或是代金券奖励。很多时候，有偿得到的信息会比无偿得到的更加有价值。

（2）认真听取客户的建议。一旦客户们愿意给你提建议了，运营者要做的就是认真记录这些信息，表明自己对这些信息的重视，决不能随意敷衍客户。不然不仅得不到有效的建议，反而还有可能因为表现出来的不尊重而失去一些客户。

建议听取完毕之后，运营者还应该深入分析形成这个问题的原因，应该要如何做才能解决这个问题，得出具体的实施方案。

（3）完善与落实客户的建议。如果收集建议之后不立马去落实，那么听取建议的过程就白白浪费了，花掉的时间没有任何意义，产品也不会有任何长进。甚至当有些客户发现自己的建议没有被重视和实施的时候，他们可能会失去再次提建议的信心。

所以，运营者在听取建议之后，一定要迅速总结出解决方案并以最快的速度落实，争取在最短的时间内让客户看到你的改变，增强客户对你的信任度与好感度，从而拉动产品的销量与人气。

综上所述，能够正确听取与对待客户建议的商家，成功指日可待。

5.3
3种方法，成为一位优秀的朋友圈创业者

做私域流量的变现，不仅是一份工作，更是一份事业，如何成为一位优秀的朋友圈创业者，是我们每位运营者都需要学习的。

5.3.1 先跟客户交朋友，再谈生意

我们遇到任何客户，都要先了解你的客户是哪种类型的人，他们的需求和痛点是什么，购买我们的产品主要是解决什么样的问题、用在哪些方面、给什么人购买等。运营者只有了解了这些问题，才能根据客户的实际需求，推荐最适合他的产品；运营者只有真正为客户着想，他们才能感觉到你的真诚。就算这一次客户没有购买你的产品，你也要以友好的态度来面对客户，真诚为客户服务，说不定下次这位客户就会主动上门找你购买产品。

如果刚一添加客户的微信，你都不了解他，就直接推销对自己来说利润最大的产品，这时大部分的客户是不会买账的，运营者需要注意这一点。

5.3.2 好产品加好服务，才是最有力的营销

我们卖出去的不仅是产品、是货物，还有非常贴心的产品售后服务，这样才能让客户二次购买，打造出优质的口碑形象。

例如，我们卖给某位客户一盒护肤品，过段时间一定要问一下这位客户的使用情况，肤质有没有改善、皮肤舒适度怎么样、有没有不良反应等，像关心朋友一样去真正关心你的客户，多花些时间与客户互动，培养感情。好的服务，可以让运营者与客户的关系更加紧密，使客户二次购买产品，并主动帮你宣传产品。

5.3.3 成为某个细分领域的行家

其实，每一个人都可以成为自己细分领域的行家。对某一事物精通，或者说有自己独到的见解，能给别人中肯的建议，帮助他们创造财富，成为别人的人生导师。当然，这些都需要时间、经验的积累，也需要自己有一定的学识基础，再通过后天的勤奋与努力，就能成为某一个领域的行家或专家。

例如，在自媒体发展初期，商业财经和技能培养是最常见的品类。如今，通过大量KOL（Key Opinion Leader，关键意见领袖）在细分领域的挖掘，内容品类的范围也越来越广，知识生产者也从过去的"大V"和KOL，快速扩展到各行各业中的自媒体人，内容品类更加垂直，这些垂直领域都有可能出现"爆款"。

如今，由于平台的同质化越来越严重，因此用户对于平台的依赖性正在逐渐降低，转而更加关注运营者和产品本身。在这种情况下，各个细分领域的行家拥有更多的粉丝和流量，代表他们的主动性更强，更有能力实现变现。

因此，这些有限的KOL资源成了各个平台争抢的对象，甚至连各细分行业的腰部KOL也成了各平台争抢和培养的目标，可以说各个平台之间的KOL资源之争已经进入白热化。当然，各平台争夺KOL资源，最终的目的还是为了获得他们掌握的用户和切割流量，通过不同的流量产品来吸引用户。

5.4
朋友圈变现技巧：迅速把你的产品卖出去

朋友圈是私域流量营销和变现的阵地，运营者需要掌握一定的营销技巧，达到事

半功倍的变现利润。

5.4.1 朋友圈晒单、晒好评吸引客户

不管运营者的营销方式和手段如何发展，都离不开通过晒单、晒好评来吸引客户，营销的目的是以此来提高产品的销量和知名度，树立自己的品牌、口碑及产品形象的一种微营销方式。下面介绍朋友圈"晒好评""晒单"吸引客户的营销技巧。

1. "晒好评"，营销最有力的声音

为了让客户更充分地信任我们的产品，运营者还需要把老客户对你的好评拿出来"晒一晒"。"晒好评"主要有以下两大渠道，如图5-4所示。

图5-4 "晒好评"的两大渠道

接下来给大家介绍在这两大平台晒好评的一些详细内容。

（1）在微信朋友圈中"晒"好评信息。如今，微信已成为国内最大的社交软件，我们的消费者会通过微信平台咨询相关的产品信息，有时候买单也会通过微信支付，有些消费者还会在微信中对我们的产品进行认可、表扬。运营者可以将这些信息进行截屏，然后将评价"晒"到各大网络社交平台。

（2）在电商平台中"晒"好评信息。在微店、淘宝、当当、美团等电商平台中，买家的评价也十分重要。如果我们将"晒"好评比喻成"晒谷子"，那么微信的"晒"是掌握在自己手里的，而电商平台就是大家一起晒。

我们将这些平台晒单的优缺点分析如下：电商平台的好评对比微信好评，前者影响力大过后者，但缺点是电商平台属于公域流量，具有公开透明性，一旦出现差评，前者一般情况下难以清除，从而给运营者带来同样巨大的负面影响。

下面以图解的形式介绍打造良好评论环境的方法，如图5-5所示。运营者可以将这些电商平台中的好评信息的图片截取存下来，然后通过图文结合的形式转发到微信朋友圈中，还可以在淘宝、微店中售卖某款产品时，在产品的详情介绍中附上这些好评信息，让买家更加放心。

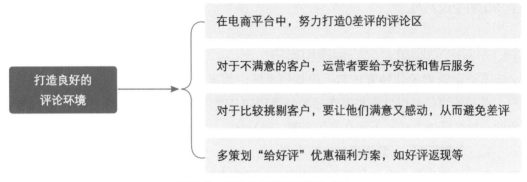

图5-5　打造良好评论环境的方法

　　运营者还可以将这些好评信息转发至微信群、QQ群等社交平台中，扩大产品的品牌知名度。

2. 巧妙"晒单"，激发客户购买欲望

　　运营者在公众号、朋友圈、微信群或者微博中进行产品营销活动推广的过程中，除了发布相关的产品营销软文以外，还需要配上产品的图片和基本信息，为了让客户信任，也可以晒一些成功的交易单或者好的评论，但是有两个问题在晒单过程中值得我们注意，那就是适度和真实。

　　（1）产品营销广告要适度。在晒单的过程中必须要适度，因为不管在哪个平台，无谓的刷屏都是人们十分抗拒的，所以万万不能犯了这一营销大忌。但是，晒单其实是非常有必要的，任谁看到你的产品卖得好，用户评价高，他们都会对产品本身产生心动和行动，所以这一点上运营者需要把握好尺度。

　　（2）产品的信息真实可靠。必须要在单据上显示真实的信息，运营者必须将所有真实信息展现给客户看，以诚信为本，否则会让客户觉得我们不真实，从而产生排斥的情绪。

　　从营销角度来说，适度地晒一些交易单之类的营销信息，可以刺激客户的消费欲望，如图5-6所示。那么晒交易单究竟有些什么好处呢？在笔者看来，适度的晒单可以让老客户更放心，增强他们对你的信任感，还可以吸引新客户的好奇心，对产品产生兴趣。

　　关于晒单还有一个小妙招，在一张照片中，运营者可以放上几个快递单，并且将它们叠加起来再照相，建议尽量将照片凑成九张，并且强调这是一天或是两天里发出的产品。这样就会让客户觉得，你的产品是真的特别受欢迎，让他们也想尝试购买，在某种程度上可以提升销量。

图5-6　朋友圈晒交易单示例

专家提醒

　　运营者切记不要犯了频繁刷屏的错误，这样会让朋友圈好友很反感，甚至会屏蔽或删除你，从而减少了用户流量。我们平时无论是"晒单"还是"晒好评"，都需要注意节制，广告不要太"硬"，现在的大部分用户接受不了突如其来的硬性广告，所以我们需要在方式方法上注意这些细节。

5.4.2 朋友圈人脉流量变现的6种策略

　　在朋友圈中，有些人会通过明星效应来带动产品的销量，有些人则会结合时下的热点话题来进行产品的营销活动，这些都属于朋友圈的营销变现策略。下面详细介绍6种常见的朋友圈营销策略和变现技巧。

1. 明星效应，最能带动粉丝消费

　　如今，已经进入粉丝经济时代，粉丝文化已经发展得十分完整了。由此，有些聪明的运营者会选择邀请知名艺人、明星代言产品和品牌，这种做法能够帮助他们收获很丰厚的利润。明星效应已经对我们的生活产生重大影响，电视里明星代言的广告会对我们产生潜移默化的作用，如提高企业的美誉度、提升产品的销量以及提高品牌知名度等。

资金比较雄厚的运营者，可以考虑邀请一些当红的明星、艺人来为自己的品牌代言，在朋友圈中发布产品营销信息时，可以附带一些明星使用产品的照片，增强品牌吸引力。一般来说，投资与收获是成正比的，越肯出钱请当红的明星、艺人，获得的回报越是丰厚。

下面为大家简单介绍一下明星效应的3个作用。

● 一个水平很高的明星，往往能够带动整个品牌的格调，而在现在这个人们文化水平越来越高的社会，购买者对"格调"这个词是非常看重的。

● 除了普通群众以外，该明星的粉丝绝对会买产品的账。他们不仅自己会购买产品，还会拉动身边的人一起来购买产品。一传十、十传百，慢慢地，来购买产品的粉丝和顾客就会越来越多。

● 明星身上本身的光环也能够影响到品牌，顶着"某某产品"代言人的头衔能够帮助此品牌提高知名度。

所以，在资金比较雄厚的情况下，运营者可以通过明星效应的方式带动消费人群，特别容易引起粉丝们的强烈关注。

2. 饥饿营销，限时限量制造紧迫感

中国有一句古话叫做"物以稀为贵"，意思就是越紧缺的资源价值越大。很多时候，某项资源比较丰富时，我们对它的需求量相对比较少；相反的，资源稀缺时我们会更想得到它，正是这种稀缺性，激发了人们想要拥有的欲望。

这种饥饿营销的方式同样可以应用于朋友圈营销，运营者可以把这种心理用在产品的营销活动当中，相关技巧如图5-7所示。制造某种产品供不应求的状态，让消费者对产品充满好奇心，并且想尝试购买一探究竟。

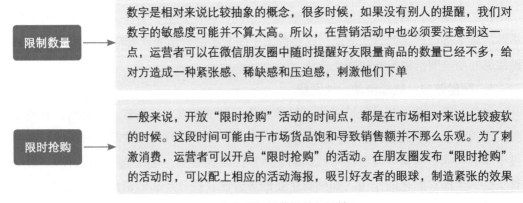

| 限制数量 | 数字是相对来说比较抽象的概念，很多时候，如果没有别人的提醒，我们对数字的敏感度可能并不算太高。所以，在营销活动中也必须要注意到这一点，运营者可以在微信朋友圈中随时提醒好友限量商品的数量已经不多，给对方造成一种紧张感、稀缺感和压迫感，刺激他们下单 |
| 限时抢购 | 一般来说，开放"限时抢购"活动的时间点，都是在市场相对来说比较疲软的时候。这段时间可能由于市场货品饱和导致销售额并不那么乐观。为了刺激消费，运营者可以开启"限时抢购"的活动。在朋友圈发布"限时抢购"的活动时，可以配上相应的活动海报，吸引好友者的眼球，制造紧张的效果 |

图5-7 朋友圈饥饿营销的相关技巧

专家提醒

在微信朋友圈的优惠活动营销中，限时优惠对客户来说有着强烈的吸引力，运营者们要营造一种"优惠不是时时有"的氛围，让客户抓紧时间购买。

无论如何，"价格"都是消费者在购买商品时考虑的最基本因素。所以任何时候，"低价"对消费者都有着致命的吸引力。这就意味着，"限时低价"一定是能够起到拉动销量、刺激购买的作用的。

同时，在进行"限时抢购"的过程中，必须要将优惠原因告诉客户，是为了感谢老客户的支持，抑或是针对某个节日等原因来开展这一活动，又或者是别的原因。毕竟限时优惠的优惠力度还是非常大的，如果只是一味地降价，可能还是会引起消费者对商品本身的怀疑。所以，事前告知原因同样可以拉动销售量。

3. 制造情景，营造出产品非常热销的氛围

热销氛围可以让消费者产生从众心理，形成"羊群效应"。羊是群居动物，它们平时习惯随大流，并且是盲目地跟随大流。只要羊群中有任何一只羊开始往前冲，这时所有的羊都会和它一起往同一个方向冲，浑然不顾它们所朝向的方向有没有危险或是有没有食物。当"羊群效应"用于心理学中来描述人类本能反应时，其实也就是我们平时所说的"从众心理"。

运营者如果有自己的实体店，就可以在实体店中拍摄产品热销的情景照片，然后在朋友圈中发布这些热销的照片，让产品有热卖的氛围，引起消费者的兴趣，充分利用消费者的从众跟风心理。在营销过程当中，如果运营者可以合理利用这种盲从心理，就有可能大规模地拉动商品整体销量。

人们常常随大流而动，哪怕跟自己意见全然相反，也会选择否定自己的意见跟随大众的方向，甚至是放弃主观思考的能力。

专家提醒

运营者在通过朋友圈售卖产品变现时，也应该时常向朋友圈中的各位好友们透露一下产品的销量，给好友们营造一种产品在被疯狂购买的热销氛围。当然，这种销量数据如果能够完全精准到个位，会更加让人觉得可信。比如，在朋友圈中宣传时附上这样一个句子："商品上架刚刚8个小时，就已经抢购了56321件！"这种语言可能会激起好友购买的潜意识，也同样去疯狂抢购这件商品。

4．对比产品，通过产品的比较突出优势亮点

人们常说："竞争对手不仅仅是敌人，还是自己最重要的老师"，所以运营者往往通过引入外界的竞争者，从竞争对手那里获得灵感，激发内部的活力，这也是朋友圈营销的招数之一。那么，运营者应该怎么做呢？如图5-8所示。

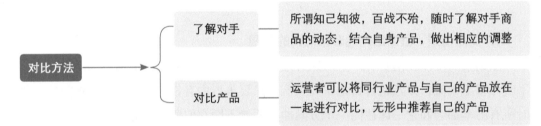

图5-8　产品对比营销方法

5．赠送产品，送体验送产品送服务

通过赠送产品进行促销是最古老、最有效、最广泛的营销手段之一。人们往往抵挡不住赠品的优惠而产生消费行为。赠品促销的好处有很多，主要体现在以下方面，如图5-9所示。

赠品促销的好处	增强促销力度、宣传品牌气势、刺激消费
	吸引消费者的注意力、刺激消费者转移消费档次
	鼓励消费者重复消费，或者增加消费的额度
	对抗、抵御其他品牌的促销手段

图5-9　赠品促销的好处

来看一个例子，去逛护肤品店并且购买商品时，商家都会选择赠送一些"护肤小样"给客户。一般来说，这些护肤小样分量并不大，也就能用2~3天，平时短期出门时可以当作旅行装。可是正是因为有这些护肤小样的存在，客户们才会觉得自己买的东西很值，因为赠品很多，很有惊喜感。

但实际上正如我们所知，这种"值"的感觉只是一种错觉，但正是这种错觉，往往会激发客户们想要购买更多商品的欲望。道理很简单，买得越多，送得越多，满足感也就逐步加深。

有时对方可能不需要买某件商品，可是当商家告诉他，买某件东西就能赠送另一件东西时，客户往往会心动，哪怕他可能根本不缺也不需要这种东西。

如图5-10所示，这是一个在朋友圈中卖农产品的商家，打出了"买5斤送2斤""再返10元无门槛券"的广告，这种营销手段是极具诱惑力的。

图5-10　朋友圈赠送产品营销示例

除了这种比较常见的"购买赠送"活动，还有另一种方式，那就是分层级的方式，大概的操作方法是购物满多少金额之后，所赠送的商品会比前一级的要更贵也更精美。

比如说，卖生活用品的商家打出广告：满200元赠送一个随身饮水杯，满400元赠送一个烧水壶，满600元赠送风扇等，以此类推。在这种情况下，客户为了得到更好的东西，他付出的客单价就会更高。

6. 塑造价值，消费者获取产品最大的回报

在营销过程中，运营者必须意识到，我们所销售的看似是产品本身，实则售卖的是产品内在的价值。所以，在向顾客推销某些产品的时候，运营者应该仔细去询问顾客本身的情况，选择一个正确的切入点来推销自己的产品。

举一个例子，一家人去家具市场购买窗帘，一位销售人员给他们介绍各种规格、图案、材质的窗帘，虽然顾客对商品有一个最基本的认知，但并没有很清晰、很深入的认识，所以没有购买。

这时，来了另一个推销人员，他没有着急地推销产品，反而和购买者聊了起来，问了他们很多问题："你们窗帘买了是给谁用？所安装的房间窗户朝向哪个方向？使用者喜欢哪一种颜色？整个房间的布置是什么风格的？"

在聊天过程中，这位销售人员大致摸准了这一家人的品位与需求，于是对症下药给他们介绍了一款产品，能够符合他们的需求。然后销售人员又拿自己做例子，介绍他自家的装修风格和客户家的风格十分相像，他自己也选择这款窗帘，十分搭调，还拿出手机来给对方看了自家窗帘安上后的样子。最后，这家人非常放心地选择了这款窗帘产品。

从上面的例子中可以看出，窗帘本身是商品，那么多种多样的类型为什么顾客独独选了其中的某一种呢？这就是因为被选中的商品背后所体现的价值吻合顾客的需求。那么，我们应该要从哪些方面抓住顾客的心理活动，为商品塑造价值呢？

（1）效率高低。在如今这种讲究效率的社会，能够快速见效的东西往往会更加受到用户的欢迎。时间就是金钱，人们都希望可以在最短的时间内获得最大化的回报。

比如说培训机构，要是能够打出类似"一个月掌握新概念英语""20节课雅思上6.5分"之类的广告肯定会更受家长们的青睐；又比如减肥产品，能够越快瘦下来的产品肯定越受用户注目。所以，如果想要让顾客购买商品，一定要将商品的高效率功能体现出来，为商品塑造效率上的价值。

（2）难易程度。这一点很好理解，越容易上手的产品自然越受欢迎，特别是高科技产品。但是，由于它自身的高端性导致这些商品操作方式比较复杂。就拿手机来说，现在的智能手机年轻人也许可以随意使用，可是年纪稍微大一些的、用惯了原来的翻盖式或带键盘手机的或许不太用得习惯。这个时候，越方便的智能手机自然会让人越倾心。

比如华为P30手机，自带AI语音助手，用户可以通过和机器人的交谈来实现一些

程序的操作，如图5-11所示。

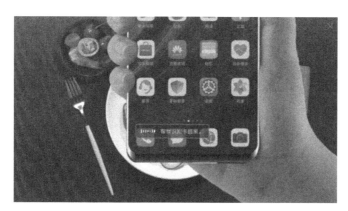

图5-11　华为P30手机的AI语音助手功能

那么，销售人员在推销产品的过程中就一定要提到产品容易操作、容易上手的优点，以此来塑造产品本身的价值，吸引顾客。

（3）安全性能。安全对于商品、特别是电子商品来说，是一个非常基本的评价标准。安全是基础，也是最重要的部分。换句话来说，这就要求商家所售卖的商品不能对购买者造成任何一丁点的伤害。相反，如果商家可以保证产品对人体本身不会造成任何伤害，那么商品的成交率就会大大提高。

所以，运营者在跟顾客一对一介绍商品，或是在朋友圈发送商品广告时，都应该尽量从以上三个方面出发，运用好塑造商品价值的思路。这样一定会给商品的推销带来好处，不断提高产品的销售量。

5.4.3　活动营销，促进朋友圈产品销量

在朋友圈的所有营销案例中，通过活动进行营销是必不可少的方式，它能有效刺激消费者的消费行为，提高产品的销售人气。下面主要介绍通过一系列的活动，进行产品营销的方法和技巧。

1. 折扣活动，限时下单享受更实惠的价格

折扣促销又称打折促销，是在特定的时期或是举行活动时，调低商品的价格，得到用户的关注，达到促销的效果，赚取更多利润。折扣促销是有利有弊的，它的作用机制以及效应具有两面性，主要体现在两个方面，如图5-12所示。

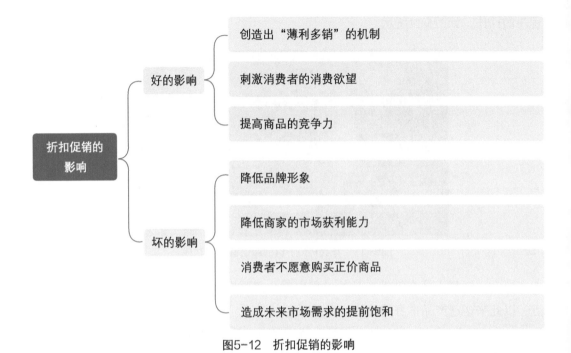

图5-12　折扣促销的影响

　　折扣促销有优势，又存在缺陷，因此要做好折扣促销的策划，如图5-13所示。折扣促销是微信朋友圈里比较普遍的销售模式，在一定的时间段内，对商品进行打折处理，最好使用限时打折，能够引起好友的好奇心和注意，效果会更好。

图5-13　折扣促销的策划

2. 节日活动，打造节日优惠、折扣福利

节日促销是指在中国传统节日期间，通过传统节日的良好氛围来制造商机，如图5-14所示。

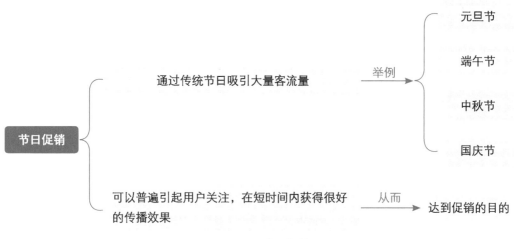

图5-14 节日促销

在节日促销的运营过程中，它有一个重要的前提，那就是微信朋友圈的客户管理机制，如图5-15所示。

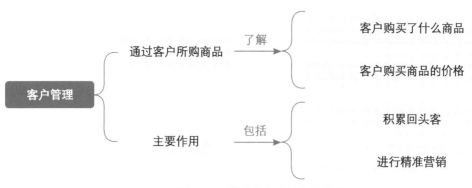

图5-15 微信朋友圈的客户管理

完成了客户管理，企业或商家可以通过会员制来进行具体的圈粉行动。会员也是用时间积累下来的，会员越多生意就越旺。节日促销就是一个很好的计划，是用来圈粉积累会员的。随着生意的不断壮大，可以针对会员进行节日营销，让会员享受到更优质的服务。

节日促销能够带来很多的流量，利用这个机会将普通好友转化为会员是非常好的，这样在淡季的时候，会员能够带来销售额。

3. 促销活动，能迅速提升品牌的宣传效果

现在的市场竞争尤为激烈，如何在同行竞争中屹立于不败之地呢？当然要靠新老顾客的不断支持带动产品销售额，那怎样才能促进我们的销售额呢？下面以奖励促销、满减促销、积赞促销的方式，介绍朋友圈促销活动的营销技巧，如图5-16所示。

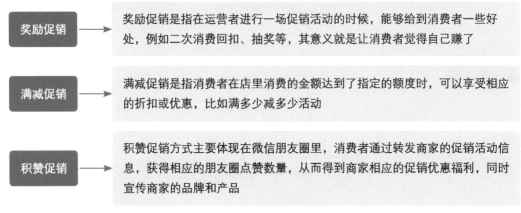

图5-16　微信朋友圈营销技巧

5.5
如何通过朋友圈，轻松实现月入百万

本节主要介绍5种主流的朋友圈私域流量的变现方式。当然，要想实现朋友圈变现，做到月入百万元，首先我们需要做好自己的私域流量基础，将朋友圈打造成为一个自媒体传播平台，不断强化唯一性标签，用自己的个人IP来带动朋友圈变现。

5.5.1　电商变现：卖产品

朋友圈卖产品是大部分微商和自媒体创业者的变现方式，运营者通过在各种电商平台入驻开店，然后通过朋友圈来转发相关的产品链接，吸引微信好友下单，从而实现变现。

例如，卖计算机书籍的商家，可以在朋友圈里分享一些计算机相关技巧和动向，中间再自然而然地介绍自己的书籍产品，这样朋友就很容易接受你介绍的产品，如图5-17所示。

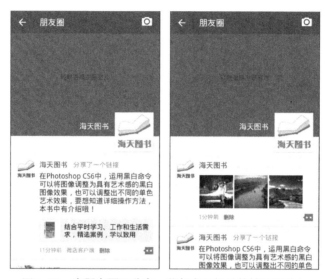

图5-17 在朋友圈里分享一些与商品相关的技巧和动向

通过朋友圈卖产品变现，可以让运营者不再以电商平台为中心，抛弃以往那种通过简单粗暴的付费流量来获得销量，转而通过朋友圈这个强大的社交渠道直接联系到客户，从而带来销量。此外，运营者还需要更加重视产品的口碑相传，在买家的社交圈子上（微信朋友圈、微博等）形成广泛的二次传播，吸引更多的客户。

5.5.2 微商变现：卖代理

朋友圈赚钱通常有两种方式，一种是发展下级代理赚差价，另一种是自己直接卖货。相比之下，代理的钱才是"大头"，但是代理并没有那么容易做。

首先了解一下，什么是"代理商"。代理是指某家企业与运营者之间合作的营销战略，并且已经形成了完整的线上与线下购买平台，为顾客提供一系列的销售服务。

代理商不需要仅为一家企业服务，只要他们想，并且有足够的空闲时间，他们可以接无数个品牌的销售活动，不受任何公司与个人的限制。所以，相对来说代理商的工作安排比较自由，运营者在进行朋友圈变现的过程中，可以从老客户或是大客户中发掘出一些代理商。他们不用对企业负责，只用对运营者本人负责。而且工作强度并不算太大，不至于耽误平日休息或上班的时间，还能利用闲暇时间赚上一些外快。

想要吸引代理，建立自己的销售团队，除了好的产品口碑，另一个就是产品的品牌了。在这个时代，消费者的品牌意识都非常强，都觉得品牌的东西有质量保证，可以放心购买。那么，运营者可以通过打造自己的品牌来吸引代理。下面以图解的方式介绍4种吸引代理的方法，如图5-18所示。

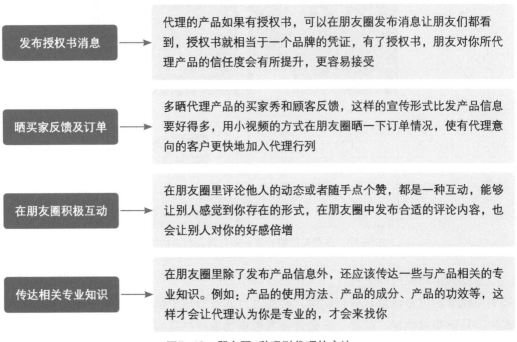

图5-18　朋友圈4种吸引代理的方法

5.5.3 微课变现：卖课程

朋友圈卖课程变现不需要实物产品，也不用去招代理，运营者只需要掌握一门专业技能，然后入驻一些微课平台，将自己的技能转化为图文、音频或者视频等课程内容，然后转发到朋友圈吸引有学习需求的朋友下单，如图5-19所示。

图5-19　朋友圈卖课程示例

　　如今，微课变现平台非常多，诸如微博、微信、今日头条、喜马拉雅、得到、知乎 Live、优酷、秒拍、一直播等平台纷纷推出相应的课程产品。很多平台在变现领域不断尝试，挖掘各种知识变现的可能性，从而让知识变现在一片迷茫中走出一条逐渐清晰的道路。同时，这些平台为用户提供了内容发布渠道，用户可以将自己的课程产品一键转发至朋友圈，简化微课变现的过程，缩短内容生产者的盈利周期，提升利润率。

　　微课本质上是一种精神产品，需求层次要明显高于其他产品。同时，微课的主要消费群体都是一些支付能力较强的人群，而且他们对于高质量课程产品的需求非常强烈。然而，市场上免费课程产品的水平良莠不齐，质量没有保障，因此倒逼消费者通过付费来获得更加优质的课程内容。

　　尤其在移动互联网时代，人们的生活节奏变得越来越快，消费者的行为习惯也发生了翻天覆地的变化，他们需要有效利用大量的碎片化时间来获取优质信息，因此，基于移动互联网和智能手机的微课模式更加符合他们的消费习惯。

5.5.4　广告变现：打广告

　　广告变现是指在朋友圈的文章、小视频或者音频内容中植入软性广告推送给用户。朋友圈里的广告一般不会直白地夸产品有多好的使用效果，而是选择将产品渗入到文章情节中去，达到在无声无息中将产品的信息传递给消费者的目的，从而使消费者更容易接受该产品。

广告是朋友圈变现中使用得比较多的盈利方式，同时其获得的效果也是非常可观的。例如，摄影达人可以跟摄影作家合作，将他们的图书广告发到自己的朋友圈中，吸引好友下单购买，如图5-20所示。

图5-20　朋友圈中的图书广告示例

5.5.5 众筹变现：项目融资

众筹是指以资助个人、公益慈善组织或小中型企业为目的而进行的小额资金募集，它是一种全新的互联网金融模式。众筹的大致流程就是用户通过众筹平台发布众筹项目，吸引投资人投资。

社交众筹是一种基于社交网络进行的筹资项目，作为一种必不可少的融资方式，它从一种商业方式逐渐向生活方式和思维方式过渡，成为新常态式的存在。在知识变现行业中，社交众筹也变得越来越重要，它为每一个创业者的创业梦提供了更多的资金支持。当然，这种社交众筹模式同样需要强大的流量支持，没有流量入口，也就没有用户导入，后面的事儿更是无从说起。

社交是人类发展、进步的基础，人类无时无刻不在进行着社交。随着移动互联网时代的到来，社交的需求也慢慢转移到了手机等移动设备上。对于运营者来说，社交众筹还有一个新渠道，那就是微信朋友圈。

在朋友圈进行社交众筹可能听起来不太可行，但由于运营者自身人脉资源的优势，在朋友圈进行众筹活动可能会有意想不到的收获。众筹本身就是一种面向群众进行募集的活动，主要价值在于人，而朋友圈恰巧是人脉力量的聚集地。将众筹和朋友圈结合起来将为众筹项目积攒更大的能量。

例如，一个写小说的作家，他打算推出一部新的微电影，但由于个人资金有限，需要外界资金的投入，那么他就可以在众筹平台上发布一个关于微电影的众筹项目，同时还可以将项目分享到自己的朋友圈为项目导流，吸引微信好友参与。如果有人对这个项目的前景比较看好，有兴趣参与这个微电影项目的制作，那他可以投入相应的资金帮助这个项目成功启动。

如今，拥有朋友圈流量的运营者通过一次众筹获取高额回报的项目已经比比皆是，而成功的众筹项目在开始一般都会有一个众筹的目标。运营者如果要进行一个项目众筹，就需要明确自己的众筹目标，可以从以下两个方面来选择目标，如图5-21所示。

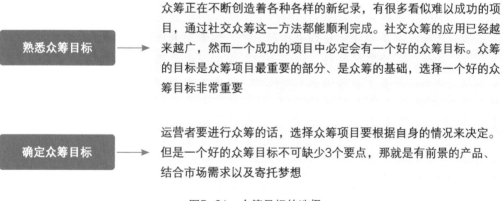

图5-21 众筹目标的选择

小程序：
极微私域领域常用的运营手段

第 6 章

　　互联网营销上半场争抢的是线上流量，随着网站、App、公众号等引流平台的发展，线上用户增长红利趋于饱和。而下半场则是线下用户之争，想象空间巨大。小程序作为一个新的物种，它的价值更多的是借助微信的海量用户，作为工具连接线上和线下，探索更多极微私域领域的商机。

6.1

完善小程序运营，打造私域流量池

移动App在不断地连接"人"，创造一个个新的基于人的应用场景。微信小程序可以说是一种极度轻化的App，具有"即用即走，随手可得"的特点，使之成为用户的焦点，同时也是企业的流量源泉，开启了一个全新的移动智能时代。

微信小程序是所有私域流量平台中最开放、潜力最大的运营渠道，而且已经被广泛验证变现效率极高。本节将介绍完善小程序运营，打造小程序私域流量池的相关方法和技巧。

6.1.1 让用户主动分享我们的小程序

当看到"鼓励用户分享转发"这几个字时，有的运营者可能会有疑惑，因为微信小程序中是不允许诱导分享的。确实，微信"运营规范"中的"行为规范"版块明确指出不能诱导分享，如图6-1所示。

图6-1　"行为规范"版块

但是，如果仔细看相关内容就会发现，它只是要求运营者别在小程序页面中引导用户分享，至于其他地方，如公众号、线下等，微信小程序既没有做出要求，也没有管理的权利，运营者可以放心鼓励用户分享小程序。

对此，运营者可以把握好机会通过一定的举措鼓励用户分享小程序，如可以在线下举行一次活动，将小程序的分享次数作为评判的标准，对分享次数较多的用户给予一些优惠。这样做，部分用户为了获得福利，势必会充当小程序宣传员的身份，帮小程序广发"名片"。

当然，除了鼓励他人分享之外，运营者及相关人员也可以充分发挥主观能动性，利用小程序的转发功能，将小程序分享给自己的好友。只是相比于自己埋头苦干，借助其他人的力量，往往能让更多人认识小程序，毕竟每个人都有好友，传播者越多传播面相应地也就越广。

6.1.2 将小程序分享到微信群进行推广

除了好友分享之外，运营者还可以通过微信群进行分享。进入需要分享的小程序页面，并点击左上方的••按钮，在弹出的菜单中点击"转发"按钮，如图6-2所示。执行操作后，页面转至"发送给朋友"界面，运营者只需选择需要转发的微信群即可。如果小程序的链接信息将作为聊天信息出现在目标微信群中，便说明转发成功了，如图6-3所示。

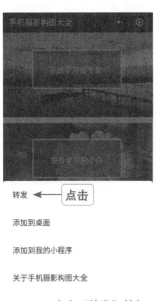

图6-2　点击"转发"按钮

图6-3　分享到微信群

通常来说，利用微信群推广小程序可分为两种策略，具体如下。

1. 追求数量

所谓"追求数量"，就是尽可能地将小程序转发至更多的微信群。这种策略相对来说更适合需要增加知名度的小程序，因为它可以最大限度地扩大宣传面，正好契合了该类小程序的需求。

但是，这种推广方法对受众不加选择，所以，大部分转发可能都收不到实际效果，而运营者为此花费的时间和精力则变成了一种浪费。

2. 以质取胜

与"追求数量"的策略不同，"以质取胜"的微信群推广策略往往更注重对受众的选择，即挑选需要该小程序的人群进行针对性地宣传和推广。比如，将摄影类的小程序分享到摄影群中，运用的就是这种策略。

虽然"以质取胜"的微信群推广策略更具针对性，但是，它的宣传面通常比较有限。因此，对于迫切需要提升名气的小程序来说，该策略并不是太合适。

> **专家提醒**
>
> "以量取胜"和"追求质量"这两种微信群推广策略各有优势和不足，如果能做到两者兼顾自然是最好的。但是，在大多数情况下，运营者只能选择其中一种策略进行推广。此时，运营者需要做的就是根据小程序的实际情况进行选择，如果小程序迫切需要提高知名度，就采取"以量取胜"的策略。反之，如果更看重质量用户的获取，那么，就选择"追求质量"策略。

6.1.3 关联小程序和公众号，增加打开率

对于小程序运营者来说，微信平台宣传小程序主要有3种途径，其中，二维码更多的是提供线下入口，而分享功能则是将小程序推广至有一定联系的微信好友或微信群，那么，如何才能在线上将小程序推荐给更多陌生人呢？此时，小程序运营者就需要用到公众号了。

微信公众号对于小程序的宣传推广可谓是意义重大，这主要体现在关联功能上，公众号中可提供3条小程序入口，具体如下。

1. 菜单栏跳转

公众号菜单栏可跳转小程序功能，相当于是增加了从公众号进入小程序的一条途径。运营者只需进入微信公众平台，在"自定义菜单"界面增加"小程序"选项，并在右侧的"跳转小程序"板块中选择小程序，具体如图6-4所示。

执行上述操作后，如果运营者点击页面下方的"保存并发布"按钮，便可生成一

个类似于超链接的菜单选项，用户在公众号页面点击该选项，便可直接跳转至小程序界面。而这看似简单的操作，不仅加强了公众号与小程序的联系，而且增加了小程序的进入途径。

图6-4　"自定义菜单"界面

2. 图文消息设置

和公众号菜单栏可跳转小程序相同，公众号图文消息可打开小程序，这实际上也是增加进入小程序的途径。运营者可以进入微信公众平台的"新建图文消息"界面，并点击右侧的 🎵 小程序 按钮，如图6-5所示。然后选择已关联的小程序，即可在图文消息中生成一个图片或文字链接。如果运营者将图文消息保存并发布，那么，公众号用户只需点击该图片或文字链接便可跳转至设定的小程序页面。

图6-5　"新建图文消息"界面

这就意味着只要公众号向用户发送图文消息，运营者便可以有意识地跳转加入至小程序的链接，增加小程序的曝光度，在方便用户进入小程序的同时，更通过公众号为小程序引流。

3. 发送关联通知

除了公众号菜单栏和图文消息之外，公众号还可以通过向粉丝发送关联小程序通知的方式，增加进入小程序的渠道。另外，虽然每个公众号每天只有一个推送图文消息的名额，但是运营者大可不必担心发送关联小程序通知之后会影响正常的消息推送，因为该通知是不占用每天的推送名额的。

需要特别说明的是，公众号关联小程序通知只能发送一次，一旦用完也就没有了。因此，运营者要懂得善用这次宣传小程序的机会，让这条通知尽可能地发挥其应有的引流效果。

6.1.4 利用应用市场宣传小程序，增加曝光率

由于用户平时可以接触到的小程序比较有限，所以，许多人都将应用市场作为获得更多小程序的重要途径。正是因为如此，小程序应用市场成了小程序重要的流量入口之一。

比如，知晓程序的"小程序商店"界面便设置了"精品设置"和"口碑榜"两大板块，如图6-6所示。如果运营者的小程序能够进入这两大板块，并且排在前列，那么，用户进入该应用市场之后便可以看到小程序。这样一来，小程序的曝光率无疑可以大大增加，而小程序的认知度也将获得提高。

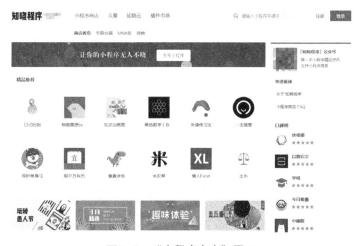

图6-6 "小程序商店"界面

小程序应用市场不仅具有一定的流量，更为小程序的推广提供了诸多便利。应用市场中不仅对小程序进行了测评和推荐，还可通过二维码的放置为小程序提供流量入口。

例如，在知晓程序的"小程序商店"界面点击某个小程序所在的位置，即可进入其信息介绍界面。如图6-7所示为"小睡眠"小程序的信息介绍界面，其浏览人数超过百万。可以看到，该界面中不仅对"小睡眠"小程序的相关信息进行了介绍，而且还在页面右侧专门对小程序的二维码进行了展示，用户只需扫码，便可以直接进入小程序。

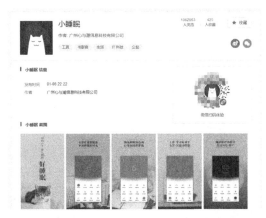

图6-7　知晓程序中"小睡眠"小程序的信息介绍界面

专家提醒

对于小程序来说，流量较大的应用市场就是一个很好的宣传和推广平台。如果运营者能够让小程序出现在应用市场中的有利位置，即可吸引到更多的用户关注你的小程序。另外，因为应用市场是第三方平台，所以，在用户看来，相比于小程序运营者自身的宣传，应用市场的测评结果更加客观，也更能令人信服。

6.1.5 附近的小程序，增加与用户的接触面

大多数运营者在推广小程序时容易犯"灯下黑"的毛病。它们往往是想着如何用更多渠道推广小程序，却忽略了小程序自身也可作为一个推广平台。

在小程序这个平台中，运营者不仅可以通过增加评论栏目等方式与用户建立联系，还可以在"微信公众平台|小程序"中开通"附近的小程序"功能，增加与用户的接触面，如图6-8所示。

图6-8 开通"附近的小程序"

和微信"附近的人"相似，用户可以通过"附近的小程序"查看所在位置周围的小程序，具体操作如下。

登录微信并进入"小程序"界面，该界面中将显示部分小程序的图标及附近小程序的数量，点击界面中的"附近的小程序"按钮，如图6-9所示。执行操作后，页面将跳转至"附近的小程序"界面，如图6-10所示。

图6-9 点击"附近的小程序"按钮   图6-10 "附近的小程序"界面

所以，开通了"附近的小程序"功能，就相当于是在微信中直接为小程序打广告。只要小程序在用户的附近，且用户查"附近的小程序"，那么小程序便会借助地址之便增加用户的认知度。

专家提醒

微信小程序看似只是以运营者为用户提供各类轻应用的形式为人与人、人与信息之间的联系搭建了一个平台，实际上却能实现人与服务，以及人与商业之间的联系。

首先，小程序的开发成本相对较低，这使许多无法负担App开发成本的人员和企业涌入小程序，使小程序最大程度地把握长尾市场，进而让它与商业产生密切的联系。其次，微信中可以进行小程序的搜索，并支持小程序的扫码和转发，为小程序的推广提供了多样化的选择。在小程序运营者中，各种商家又是绝对的主体，这便为商家向顾客提供产品信息和服务提供了一个很好的平台。

6.1.6 **小程序数据分析，调整运营方向**

"小程序数据助手"是微信推出的一个小程序，用户只需在搜索栏中输入"小程序数据助手"，便可以获得如图6-11所示的结果。如果小程序已经发布，运营者便可以通过"小程序数据助手"实时查看小程序的相关数据。当然，该小程序只适用于已发布小程序的运营者，如果小程序还未发布，或者运营者未获得小程序管理员的授权，那么便无法登录"小程序数据助手"，具体如图6-12所示。

图6-11　搜索"小程序数据助手"的结果　　　　图6-12　显示无法登录

而登录"小程序数据助手"小程序之后，运营者便可查看"数据概况""访问分析""实时统计"和"用户画像"这4大板块的数据。图6-13、图6-14所示分别为"小程序数据助手"中的"数据概况"和"用户画像"界面。

通过关注"小程序数据助手"，运营者可以非常方便地实时查阅小程序的相关数据，并根据数据的变化对相关运营策略的效果进行评估，从而及时调整运营方向，将小程序的推广引向正确的方向。

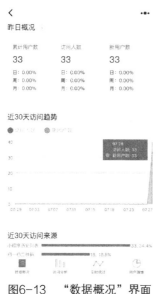

图6-13　"数据概况"界面

图6-14　"用户画像"界面

6.2
私域小程序引流，深层次触达用户

流量的多少可以说是直接关系到一个小程序的成败，而要让小程序获得充足的流量，小程序运营者就必须学会抢占流量入口。那么，小程序运营者需要抢占哪些流量入口？如何抢占呢？本节将进行具体解读。

6.2.1 使用手机QQ为小程序引流

作为最早的网络通信平台，QQ的资源优势和底蕴以及庞大的用户群，都是小程序运营者必须巩固的前沿阵地。其实对于QQ引流来说，非常关键的点就是要让别人相信你。在这个虚拟的网络中，只有信任才会让你有更好的引流效果。

例如，QQ兴趣部落是腾讯手机QQ于2014年推出的基于兴趣的公开主题社区。对小程序运营者来说，它是一个获得精准用户的重要入口。具体来说，兴趣部落引流的步骤通常包含如下几个方面。

（1）登录QQ，点击下方的"动态"按钮，进入该界面，然后点击页面中的"兴趣部落"按钮，如图6-15所示。

（2）操作完成之后，即可进入"关注"界面，如图6-16所示。

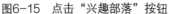

图6-15　点击"兴趣部落"按钮　　　　图6-16　"关注"界面

（3）比如，美食类小程序可在搜索栏中输入"美食"，查询相关的兴趣部落，如图6-17所示。

（4）选择某一兴趣部落之后，点击进入，如图6-18所示为"美食"兴趣部落的默认界面。如果运营者需要发布相关信息，只需点击页面下方的"+"按钮，即可发布图文、问答和短视频等内容。

图6-17　查询"美食"相关的兴趣部落　　　图6-18　　"美食"兴趣部落的默认界面

（5）例如，点击"图文"按钮，运营者将进入图文信息编辑界面。在该界面中，运营者可以通过图片和文字呈现相关内容，如图6-19所示。对此，运营者可以采取文字介绍加图片宣传的方式推广小程序，有条件的甚至还可以将小程序的二维码作为图片进行展示。

（6）信息编辑完成并发送之后，兴趣部落中将置顶显示运营者编辑的内容，如图6-20所示。该兴趣部落中的用户只要进入此页面，便可看到运营者发布的信息，而一

图6-19　图文信息编辑界面　　　　　图6-20　置顶显示编辑内容

些用户由于好奇心的驱使，可能会通过扫码、搜索等方式对小程序进行查看，而这便达到了兴趣部落引流的目的。

6.2.2 使用二维码为小程序引流

与其他应用相比，小程序推广最大的优势之一就是可以将二维码直接作为入口。也就是说，用户甚至无需根据小程序名称搜索，只要用微信"扫一扫"识别便可以进入。而且，随着小程序的升级，即便是一般的二维码，只要进行设置同样可以进入二维码。

而纵观人们的日常生活，微信"扫一扫"可以说扮演着越来越重要的角色。从加微信好友到微信支付，只要手机在身上，人们便可以通过扫码做很多事。微信"扫一扫"无疑给人们带来越来越多的便利，与此同时，人们也越来越习惯于通过扫码进行相关操作。

在这种情况下，二维码势必会成为用户进入小程序，特别是线下进入小程序的重要途径。因此，进行扫码线下推广对于运营者的意义将变得日益重大，那么，如何进行扫码线下推广呢？

二维码线下引流有以下两种方法，如图6-21所示。

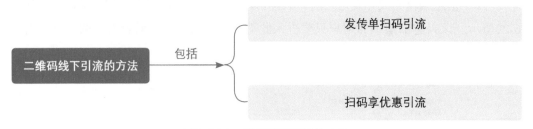

图6-21　二维码线下引流的方法

运营者可以组织人员到人流量多的地方发传单，通过扫码送奖的方式，如扫二维码送饮料之类的奖品，让用户了解并帮忙宣传小程序。

除此之外，运营者还可以在衣服后面印上小程序二维码，并通过扫二维码送优惠的方式，让目标用户主动扫码。在此过程中，为了增加宣传效果，运营者可以利用美女效应吸引眼球。

6.2.3 使用视频为小程序进行引流

视频与文字图片相比，在表达上更为直观、丰满，而随着移动互联网技术的发展，手机流量等因素的阻碍越来越少，视频成为时下最热门的领域。随着各种视频平台的兴起与发展，视频营销也随之兴起，并成为广大企业进行网络营销常采用的一种方法。小程序运营者可以借助视频营销，近距离接触自己的目标群体，并将这些目标群体开发为自己的客户。

视频背后庞大的观看群体，对网络营销而言就是潜在用户群，而如何将这些潜在用户转化为用户才是视频营销的关键。

视频营销是指企业以视频的形式，宣传推广各种产品和活动等内容。因此，视频营销不仅要求高水平的视频制作，还要有吸引人关注的亮点。常见的视频营销包括以下几种形式，具体如图6-22所示。

图6-22　常见的视频营销形式

如今的视频营销主要往互联网方向发展，比传统电视广告、互联网视频营销的受众更加具有参与性，在感染力、表现形式、内容创新等方面更具优势。互联网视频营销的传播链，通过用户自发的观看、分享和传播，带动企业推广产生"自来水式"的传播效果。

对于小程序运营者来说，最简单、有效的视频营销方式便是在视频网站上传与小程序相关的短视频。

如图6-23所示为优酷视频中推广"群里有事"小程序的视频画面。该视频看似是站在受众的角度推荐实用性小程序，实际上却是为"群里有事"小程序做推广，而事实证明，这样做比直接为小程序打广告更容易被他人接受。

图6-23　推广"群里有事"小程序的视频画面

6.2.4 使用Wi-Fi为小程序进行引流

　　继百度搜索、微信、App、直播、二维码等入口之后，商用Wi-Fi被视为又一大移动互联网流量入口，不论是互联网巨头，还是运营商、创业者，都把目光瞄准了这个新的入口。

　　对于小程序运营者，尤其是小程序线下运营者来说，不但可以利用免费Wi-Fi吸引过路人进店消费，还可以通过免费Wi-Fi来推送优惠券、促销信息等引导顾客二次消费。

　　Wi-Fi营销大致可分为4步进行，如图6-24所示。在此过程中，作为商家的小程序运营者可以充分利用Wi-Fi连接时的广告时间对小程序及相关内容进行宣传。

图6-24　Wi-Fi营销的步骤

　　Wi-Fi的出现解决了运营商存在的互联互通、高收费等一系列问题，成为控制用户移动上网的最佳入口，而且可以十分方便地进行商业应用，这意味着Wi-Fi将从一个成功的技术转化为成功的商业模式。

6.2.5 使用论坛为小程序进行引流

互联网时代，企业可以通过网络虚拟论坛发布企业的产品和服务等相关的信息，达到企业品牌营销推广的目的。这种利用论坛进行营销的方式，也是网络营销的方式之一。

对小程序运营者而言，论坛营销有助于企业积累人气，从而提升知名度形成传播的口碑效应。对用户而言，论坛的开放性和低门槛使大多数网友都能参与其中，用户的很多诉求都会在这里表达，这使论坛充满活力和人气。

论坛是一个有着共同兴趣和话题的社群，所以企业在论坛中运营推广产品和服务，主要是对用户进行社群运营。论坛的人气是营销的基础，小程序运营者可以通过图片、文字等内容的帖子，与论坛用户交流互动，这也是辅助搜索引擎营销的重要手段。

在论坛中塑造企业的影响力，能在很大程度上带动其他用户的参与，从而进一步引导潜在用户往企业产品引流。论坛营销最主要的是发帖推广，小程序运营者可以通过内容恰当的帖子来引导话题，带动潜在用户积极参与和进一步引流。

6.2.6 使用App为小程序进行引流

App就是移动应用程序的简称（也称手机客户端），App引流是指运营者通过定制手机软件、SNS及社区等平台上运行的应用程序，将App的受众引入到小程序中。笔者总结了几点利用App进行小程序引流时应该把握的技巧，如图6-25所示。

图6-25 小程序App引流的技巧

例如，在陌陌App中，小程序运营者可以找到与小程序相关的群，然后通过图片和文字的形式，向群成员宣传小程序，如图6-26所示。

图6-26 在陌陌App中宣传小程序

6.3
把握私域流量，轻松玩转小程序变现

为什么要做小程序自媒体电商平台？对于这个问题，许多运营者最直接的想法可能就是用小程序可以赚到钱。确实，小程序是一个潜力巨大的私域流量池。但是，它同时也是一个竞争激烈的商业市场。所以，要想在小程序中变现，轻松赚到钱，小程序自媒体运营者还得掌握一定的私域流量变现技巧。

6.3.1 小程序＋电商：只要有销量，就有收入

对于自媒体运营者来说，小程序最直观、有效的盈利方式当属做电商了。自媒体运营者在小程序电商平台中销售产品，只要有销量，就有收入。具体来说，以电商形式让小程序变现主要有4种形式，如图6-27所示。

图6-27　小程序＋电商的4种变现形式

在小程序出现以前，自媒体运营者更多的是通过App打造电商平台，而小程序可以说是开辟了一个新的销售市场。自媒体运营者只需开发一个小程序电商平台，便可在上面售卖自己的产品。

而且，小程序自媒体电商运营者还可以自行开发、设计和运营。所以，这就好比是提供了一块场地，自媒体运营者只需在上面"搭台唱戏"即可，唱得好还是唱得坏，都取决于运营者自身。

小程序对于自媒体运营者的一大意义在于，自媒体运营者可以通过开发小程序独立运营自己的电商平台，而不必再依靠淘宝、京东这种大型电商平台。这便给了自媒体运营者一个很好的探索个体电商、实现新零售模式的机会。

具体来说，无论是有一定名气的品牌，还是名气不大的店铺，都可以在小程序中搭台唱戏，一展拳脚。当然，单独开发一个小程序很可能会遇到一个问题，那就是初期用户数量比较少。对此，运营者需要明白一点，用户在购物时也是"认生"的，一开始他们或许会对你的小程序有所怀疑，不敢轻易下单。

但是，金子总会发光，只要运营者坚持下来，在实践过程中，将相关服务一步步进行完善，为用户提供更好的服务，小程序终究会像滚雪球一样，吸引越来越多用户，而小程序的变现能力也将变得越来越强。

6.3.2　小程序＋付费：优质内容不怕赚不到钱

对于做内容营销的小程序运营者来说，知识付费应该算得上是一种可行的变现模式。只要运营者能够为用户提供具有吸引力的干货内容，用户自然愿意掏钱，这样一来，运营者便可以用优质的内容换取相应的报酬了。

我们经常听到一些经济欠发达地区的父母说这样一句话：就算砸锅卖铁也要供孩

子念完书。虽然我们不希望听到这样的话，但是，这些父母的态度也说明了知识对于人的重要性。

也正是因为知识对人很重要，这些父母才会愿意砸锅卖铁支付学费。这从侧面说明了，只要是对人有用的知识，那么，它的传授者就应该因其付出而获得应有的报酬。

其实，在小程序中也是如此。如果运营者能够向用户讲授一些课程，便有获得对应报酬的权利。例如，"千聊"可以说是通过授课收费模式进行变现的代表性小程序之一。图6-28所示为"千聊"小程序中的讲师主页和课程详情页面，可以看到课程价格和内容简介。

图6-28　"千聊"小程序中的讲师主页和课程详情页面

千聊的商业模式主要为"收费直播＋赞赏＋付费社区"，通过捆绑销售来提升收益，用户付费意愿非常强烈。主播的主要收入来自收费直播和粉丝赞赏。据悉，千聊平台上获得打赏收入最多的主播达到了22.6万元。千聊平台是永久免费的，针对用户直播间的收益，除了微信会扣除0.6%的手续费，其他收入都可以直接提现到微信钱包。

自媒体运营者要想通过授课收费的方式进行小程序变现，需要特别把握好两点。

一是，小程序平台必须是有一定人气的，否则，即便你生产了大量内容，可能也难以获得应有的报酬。

二是，课程的价格要尽可能低一点。这主要是因为大多数愿意为课程支付的费用都是有限的，如果课程的价格过高，很可能会直接吓跑用户。这样一来，购买课程的人数比较少，能够获得的收益也就比较有限了。

6.3.3 小程序＋直播：不买东西同样也能获利

与传统的营销方式不同，直播与用户的互动性比较强。而在与用户互动的过程中，主播会逐渐获得一些愿意为其消费的粉丝。所以，如果小程序运营者能够用好粉丝经济，那么，即便不卖东西，也能获得一定的收入。

直播在许多人看来就是在玩，毕竟，大多数直播都只是一种娱乐。但是，不可否认的一点是，只要玩得好，玩着就能把钱给赚了。因为主播们可以通过直播获得粉丝的礼物，而这些礼物又可以直接兑换成钱。图6-29所示为"YY直播＋"小程序，用户可以点击右下角的礼物图标给喜欢的主播送礼物。

图6-29 "YY直播＋"小程序

要想通过粉丝送礼，玩着游戏就把钱赚了，首先需要主播拥有一定的人气。这不仅要求主播自身拥有某些过人之处，还要选择一个拥有一定流量的直播平台。只有这样，才能快速积累粉丝数量。

其次，在直播的过程中，还需要一些所谓的"水军"进行帮衬。因为很多时候，人都有从众心理，所以，如果有"水军"带头给主播送礼物，其他人也会跟着送，这就在直播间形成了一种氛围，让看直播的其他受众在压力之下，因为觉得不好意思，或是觉得不能白看，也跟着送礼物。粉丝虽然是赠送的礼物，但是礼物也是用钱买的。而主播则可以通过一定的比率将礼物代表的平台币值兑换成钱。也就是说，直播可以通过粉丝礼物获得一定的收益。

另外，主播可以通过直播获得一定的流量，如果运营者能够借用这些流量进行产品销售，便可以直接将主播的粉丝变成店铺的潜在消费者。相比于传统的图文营销，直播导购可以让用户更直观地把握产品，它取得的营销效果往往也更好一些。直播用得比较好的电商平台当属"蘑菇街女装"，该小程序直接设置了一个"直播"频道，商家可以通过直播导购来销售产品，如图6-30所示。

图6-30　"蘑菇街女装"小程序

在通过电商导购进行小程序变现的过程中，运营者需要特别注意两点。其一，主播一定要懂得带动气氛，吸引用户驻足。这不仅可以刺激用户购买产品，还能通过庞大的在线观看数量，让更多用户主动进入直播间。

其二，要在直播中为用户提供便利的购买渠道。因为有时候用户购买产品只是一瞬间的想法，如果购买方式太麻烦，用户可能会放弃购买。而且在直播中提供购买渠道也有利于主播为用户及时答疑，增加产品的成交率。

6.3.4 小程序+服务：专业流量变现服务平台

小程序变现的方法多种多样，运营者既可以直接在平台中售卖产品，也可以通过广告位赚钱，还可以通过向用户提供有偿服务，把服务和变现直接联系起来。

向用户提供有偿服务的小程序并不是很多，但也不是没有，比如，"包你说"小程序便是其中之一。用户进入"包你说"小程序，输入赏金和数量的具体数额之后，界面中便会出现"需支付……服务费"的字样。在支付金额之后，便可生成一个语音口令，用户点击该界面中的"转发到好友或群聊"按钮，便可将红包发送给微信好友或微信群，如图6-31所示。

图6-31 "包你说"小程序

虽然该小程序需要收取一定的服务费用，但是，因为费用相对较低，再加上其具有一定的趣味性。所以，许多微信用户在发红包时还是会将该小程序作为一种备选工具。虽然该小程序收费比例比较低，但随着使用人数的增加，该小程序借助服务积少成多，也获得了一定的收入。

在为用户提供有偿服务时，运营者应该报以"薄利多销"的想法，用服务次数取胜，而不能想着一次就要赚一大笔。否则，目标用户可能会因为服务费用过高而被吓跑。

公众号：
百万大号必不可少的
私域流量

第7章

从聊天到创业赚钱，微信已经融入了人们的生活当中。个人和企业都可以打造自己的微信公众号来构建私域流量池，并通过文字、图片、语音和视频等内容实现与粉丝的全方位沟通和互动。本章就来揭秘私域流量运营中可称之为"企业标配"的微信公众平台的引流与变现技巧。

7.1
公众号精准引流，获得更多意向客户

所处的行业不同，服务的对象和经营的范围以及产品也会有所不同。运营者想要成功地开发自己的私域流量价值，除了要拥有一个巨大的人流，还需要有更精准的人流入口带动产品销售与流量运营。下面笔者将介绍如何在公众号中精准有效地吸引人流、实现营销和运营目标的方法。

7.1.1 精准圈定人群，有效提升粉丝的价值

客户要求高质量的产品和微信营销者要求高质量的粉丝是同等级概念，如果不对目标群体进行准确的定位，那么吸引过来的粉丝很有可能都是一些"僵尸粉"，这样的粉丝数量只能算是一个数字，对于企业的营销没有任何价值。

例如，苏宁易购这一企业主体，经营的产品方向主要是电子电器类，那么它的目标用户群则可能是上班族、家庭主妇、电器商和其他对电器有需求的人，而不是需要衣服、饰品、化妆品的。因此，"苏宁易购"微信公众号也应该基于这一用户定位来推送内容，吸引粉丝关注。

下面笔者介绍一套有效定位粉丝的方法，如图7-1所示。

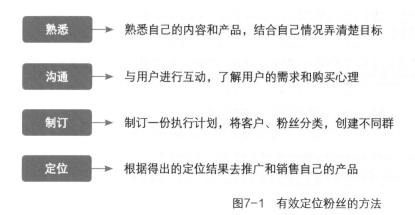

熟悉	→	熟悉自己的内容和产品，结合自己情况弄清楚目标
沟通	→	与用户进行互动，了解用户的需求和购买心理
制订	→	制订一份执行计划，将客户、粉丝分类，创建不同群
定位	→	根据得出的定位结果去推广和销售自己的产品

图7-1 有效定位粉丝的方法

7.1.2 公众号推送多样化，内容呈现更有创意

我们都知道，微信公众号推送的内容形式包括图文、信息、视频、文本等，不管

是在以前的网络营销，还是现在的微信营销，只有丰富的、有趣的、有特点的内容才能吸引人。

在微信公众号运营中，很多企业学会了以H5化的方式进行微信内容展现，使企业公众号页面可以多层次、多角度去展现内容，再配上诸多实用性的和个性定制的功能，可以更加吸引粉丝的关注。下面继续介绍微信公众号运营中利用内容吸引用户的3个要点。

1. 富有个性

个性化内容是运营者和营销人员最难把握的一个要点，因为要打造真正意义上的个性化内容，既没有标准参考，又不是一件很容易就达成的事。特别是在需要持续更新内容的情况下，这会是一个很艰巨的任务。

在此，笔者就从简单易操作的方面来说，运营者可以取巧，以表达形式的个性化代替内容内涵的个性化，即利用图文、长图文、短视频和文字等诸多形式来推广，这样也是打造富有特色的个性化内容的技巧之一。

2. 丰富有趣

丰富有趣，指微信公众号的内容要有足够的新意和吸引人的地方，就算不能做到让内容全部都具备创意和新意，那也要做到让发布的内容不至于太过空洞无聊。另外，"情感类"的内容也可以归类到丰富有趣的内容中，能引发用户情感上和心理上的共鸣，也是很吸引粉丝的。

3. 利益驱动

利益驱动，指运营者适应用户需求，发布的内容要具备一定的实用性，这样既可以为用户传授生活常识，也可以为用户提供信息服务。总而言之，客户能够从推广的内容中获取某种形式或某方面的利益，他们才会成为品牌的追随者。

7.1.3 点赞转发，给优质公众号内容更多曝光机会

"内容为王"这一理念是适用于整个运营过程的，在引流方面更是有着莫大的作用，有时候一篇吸引人的爆文能瞬间吸引大量粉丝来关注公众号。

一般来说，只要公众号的产品好，那么用户是不会吝于点赞的。而想要用户进一步转发，他们一般会基于两个方面的原因：一是因为有利益关系存在，二是主观认为被转发者是有这方面需求的。

正是因为如此，微信公众号的管理者和运营者可以设置一些活动或提供丰富多彩的内容，一方面让用户主动转发或购买，另一方面也可以在其中提供一些切实的利

益，让用户帮忙点赞转发。

因此，在目前各大平台都提供了点赞、转发功能的情况下，运营者可以积极发挥它们的作用，让用户在关注平台的时候乐于点赞转发。

但是，运营者后期必须根据用户的需求，不断地增加、提升和完善内容和活动，使这一功能利用更加全面。而对于大品牌营销而言，就需要针对目标群体进行个性化的定制了。

7.2
公众号吸粉引流，如何从0到100万

人即入口，微信公众号的营销入口其实就是粉丝入口、人流入口，粉丝越多，私域流量就会越高，营销和推广自然就有了入口。因此，企业想利用公众号实现推广和销售，就需要掌握公众号引流的各种方法，增加粉丝让更多人在更大范围内看到自身账号的动态。

7.2.1 利用新媒体平台给公众号引流

除微信平台外，互联网上还有许多用户量过亿的媒体平台，这些平台各有特色，微信公众号正好可以利用这些媒体平台的特色，精准定位目标客户，这样可以使微信公众号拉新引流工作事半功倍。

例如，微博的微群是一个人们因为某个共同的爱好或者有共同的话题而聚到一起的场所，这个场所是进行交流和互动的地方。如果微群的主要话题和公众号的产品有比较紧密的结合点，那么微群里的用户也就会是公众号的目标用户，是完全有可能吸引到自身平台上来的。

再例如，一点资讯是由一点网聚科技有限公司推出的一款为兴趣而生、有机融合搜索和个性化推荐技术的兴趣引擎软件。与今日头条一样，它本身也有着庞大的用户量，这为成功引流到公众号打下了坚实的用户基础。因此，微信公众号运营者可以在与自身账号相关的领域发布他们需要的内容，从而吸引更多的用户关注公众号。

兴趣引擎技术是一点资讯平台最核心的技术力量，它是结合了搜索引擎和个性化推荐引擎的特点，而形成的一种新的信息搜索引擎。

兴趣引擎，依靠平台系统对用户订阅的信息、搜索的关键词等操作行为，挖掘出更多用户感兴趣的资讯，然后非常精准地抓住平台用户阅读的兴趣需求，将他们最需要的新闻资讯在最短的时间内传递给用户。

上面已经提及，兴趣引擎技术能精准把握用户的兴趣需求，正是因为如此，一点资讯平台凭借其特色的兴趣引擎技术为用户实现了个性化新闻订阅，基于用户的兴趣为其提供资讯内容。

一点资讯可以借助用户登录时选择的社交软件类型、选择的兴趣频道等操作收集相关信息，整理成数据资料，然后再根据这些资料了解、推测出用户感兴趣的新闻领域。一点资讯的平台特色主要表现在两点，具体如图7-2所示。

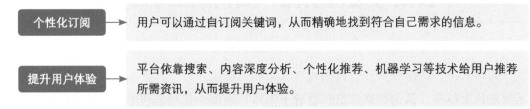

个性化订阅 ➤ 用户可以通过自订阅关键词，从而精确地找到符合自己需求的信息。

提升用户体验 平台依靠搜索、内容深度分析、个性化推荐、机器学习等技术给用户推荐所需资讯，从而提升用户体验。

图7-2　一点资讯的平台特色

就这样，在上图所述的平台特色的支撑下，运营者在一点资讯平台推送的内容能被那些有需求的读者关注到，而这些读者又恰是公众号的目标用户，他们可能想要了解关于运营主体的更多内容而去关注公众号，因此，实现引流也就轻而易举了。

7.2.2　大号间互相推荐的涨粉方法

大号互推是微信公众号营销和运营过程中比较常见的手段，其实质是企业和商家建立账号营销矩阵（指的是两个或者两个以上的公众号运营者，双方或者多方之间达成协议，进行粉丝互推，提升双方的曝光率和知名度，最终有效吸引粉丝关注），可以达到共赢的目的。

1. 找到合适大号群体

大号互推，其结果要求是双赢。因此，选择合作对象要慎重，要双方得利，这样才能合作愉快并维持稳定的互推关系。那么，从自身方面来看，应该怎样选择适合自己的大号呢？

（1）大号是否名副其实

如今，不同的平台，不仅粉丝数量有差异，粉丝质量同样是参差不齐，这就使得有些"大号"不能称之为真正意义上的大号，这也要求运营者对新媒体账号有一定的判别能力。

具体说来，可从新榜、清博等网站上的统计数据来查看其平台内容的阅读数、点赞数、评论数和转发率等参数。当然，有些平台账号的这些参数明显是有水分的，就比如一个平台账号每天推送的内容阅读数、点赞数都相差无几，这时候就要特别加以注意了，其参数的真实性值得怀疑。

（2）用户群、地域是否契合

一个公众号账号的用户群和地域分布，一般是有其规律和特点的，运营者应该从这一点出发来选择合适的大号。

首先，在用户群方面，应该选择那些有着相同用户属性的大号，这样，大号的用户群才有可能被吸引过来。

其次，从地域分布来看，假如运营者想在某个区域做进一步的强化运营，那么就可以选择那些在那个区域有着明显品牌优势的大号；如果运营者想要做更大范围内的运营，那就应该选择那些业务分布广泛的大号。

（3）选择合适广告位

无论是线上还是线下营销和推广，广告位都非常重要。特别要注意的是，不是最好的就是最合适的。选择合适的大号互推也是如此。

一般说来，植根于某一平台的新媒体大号，它所拥有的广告位并不是唯一的，而是多样化的，且越是大号，其广告位也就越多，而效果和收费各有不同。此时就需要运营者从自身需求、预算和内容等角度出发，量力而行进行选择。

在微信公众平台上，广告位有头条和非头条之分，这是按照广告的条数来收费的。当然，头条和非头条的价位也是明显不同的，头条收费自然是最贵的。除了这些呈现在内容推送页面的广告位外，还有些是位于推送内容中间或末尾的，如Banner广告（末尾）和视频贴片广告（中间）等，这些广告既可以按条收费，也可根据广告效果来收费。

2. 提升互推效果

在找到了互推资源并确定了一定范围内的合适的互推大号后，接下来运营者要做的是怎样最大限度地提升互推效果，也就是应该选择何种形式互推才能获取更多的关注和粉丝。

（1）筛选参与大号

最终确定互推的参与人就是提升互推效果的关键一环。此时可从两个方面去考查，即互推大号的调性和各项参数，具体分析如图7-3所示。

互推大号的调性	从调性方面来看，首先应该要确认筛选的参与的大号是否适合自身内容和账号的推送，假如不适合，那么即使这个新媒体账号的粉丝非常多，也是不建议选择作为互推对象的
互推大号各项参数	互推大号的各项参数主要包括粉丝数、阅读数、点赞数和评论数等。一般来说，这些数据是成正比的，然而也有例外，有时粉丝数差距在10万~20万之间，但阅读数相当，因此运营者应该根据一段时间范围内比较稳定的数据作为依据来筛选公众号

图7-3　筛选互推大号介绍

在通过对上图中两个方面的因素进行综合比较和分析之后，即可最终确定筛选结果，选定互推的参与大号了。此时笔者要提醒大家的是，不要忘记各个关于新媒体平台的排行榜，灵活参考效果将更佳。

（2）创意植入广告

事实证明，公众号如果强行互推，不仅达不到预期的效果，反而会引起用户不满。运营者要想在文案中植入互推广告，必须把握两个字："巧"和"妙"。那么具体如何做到这两点呢？有以下几个策略可供参考，如图7-4所示。

图片植入法	相比纯文字的信息，图片加软文的方式更加受用户欢迎。通过加入图片来进行表达或者描述互推的新媒体账号，会更容易收到效果
视频植入法	在软文中加入一段互推大号的视频或者语音，宣传效果会更好；如果想要更好，可邀请名人或明星来录制音频，若觉得请名人、明星的成本太高，可以让大号"门面"人物来录制
舆论热点植入法	每天手机上都会接收到各种各样的关于网络舆论热点人物或者事情的报道，它们的共同特点就是关注度高。运营者可以借助这些热点事件撰写内容，然后将互推广告植入进去
故事植入法	故事因为具备完整的内容和跌宕起伏的情节，所以比较受到大家的期待，关注度相对较高。运营者植入互推广告时，可以充分借用这一手段，改变传统的广告硬性植入方式

图7-4　创新互推文案的策略

（3）建立公平规则

公众号运营者在文案中进行互推时，建立公平的规则是很有必要的，只有这样才能长久地把互推工作进行下去，否则极有可能半途夭折。而要设定公平的互推规则，有两种方法，即"一头独大"的固定式互推排名和"百花齐放"的轮推式互推排名，具体内容如下。

"一头独大"的固定式互推排名：其中的"固定"意在组织者或发起人的排名是固定的，而不是指所有互推的排名都是固定不变的，其他大号的排名是以客观存在的新媒体排行上的某一项参数或综合参数为准来安排的。这种排名方式对组织者或发起人来说是有利的方式，但是并不能说这种方式是不公平的，因为相对于其他大号来说，组织者或发起人的工作明显更繁重，所有相关的互推工作一般都需要他去统筹和安排。

"百花齐放"的轮推式互推排名：为了吸引那些质量比较高、互推效果好的大号参与，组织者或发起人也有可能选择轮推的方式来进行互推排名。这里的"轮推"是把组织者或发起人安排在内，按照轮推的方式来进行互推排名，而不是像"一头独大"的固定式互推排名一样总是排在互推的第一位。

7.2.3 通过活动轻松完成涨粉任务

活动运营不单单是一个运营岗位，同时也是不断推出新产品的总指挥。无论线上线下，活动运营都是推广产品和引流的必备之选。

运营者可以通过在公众平台上或者其他平台上开展各种大赛活动，进行吸粉引流。这种活动通常在奖品或者其他条件的诱惑下，参加的人会比较多，而且通过这种大赛获得的粉丝质量都比较高，因为他们会更加主动地去关注公众号的动态。

以微信公众号"手机摄影构图大全"为例，该公众号根据其自身的优势，在自己的平台上开展了一个"图书征图征稿"活动，图7-5所示为该公众号对这次举办的活动的相关介绍。

图7-5　公众号开展征稿大赛活动的案例

7.2.4　借助百度热词抢占搜索流量

　　每当热点、热词出来，都会在公众平台广泛传播，比如，"新中产""敬业福""新年快乐"等词都在微信公众号中有过一段热潮。图7-6所示为"商务范"公众号发布的一篇软文，标题和内容紧扣热词"新中产"，同时在内容中嵌入了产品广告，其阅读量达到了10万+。

图7-6　热词"新中产"有关的微信公众号爆文

那么，这些热词是怎么来的呢？营销者可以关注百度热词，即百度搜索风云榜里的词，通常这一类词都是人们搜索最多、最具有时代效应的，而且热词每个月都会进行更新，排名越靠前越代表搜索的热度越高。

那么，如何利用百度热词来进行引流呢？首先在电脑上打开"百度风云榜"，寻找热门关键词。从实时热点、排行榜上，我们可以看到哪些热点和关键词被搜索了（热词就是指搜索频率高的词语），然后营销者可以结合"热词"来发软文进行推广和引流，具体过程如图7-7所示。

在百度搜索风云榜上进行热点与关键词搜索

↓

在微信公众平台上将自身产品与热词结合

↓

编写软文发表到平台上，并推广到论坛、门户网站上

图7-7　利用百度热词引流的具体过程介绍

7.2.5　硬件引流，让你的粉丝月破百万

在微信公众号推广引流的过程中，运营者可以通过3种硬件设备来刷粉，即微信广告机、二维码打发票和Wi-Fi吸粉，以提高引流的效果。

1. 微信广告机

微信广告机是一款硬件产品，可以通过加好友、群发消息，快速而精准地推广企业消息，现在很多企业都在用微信广告机做推广，如图7-8所示。

微信广告机的主要商业价值有以下5个方面。

（1）先进的多功能营销终端。通过将线上线下完美结合，创造"娱乐营销＋体验营销＋绑定营销"的微信营销方案——一次时尚便捷的照片打印，粉丝在体验的同时关注了商家的微信公众号。

（2）全方位广告宣传。全媒体广告宣传，机身视频，图片广告，兼容床头广告机功能；软件可以升级，同步不

图7-8　微信广告机

断开发新广告模式，可网络远程更新商家广告；支持多内容板块，分频管理。

（3）**照片广告互动宣传**。微信广告机通常具备照片打印功能，10秒钟就可打印一张照片，而且打印手机照片还可以采用收费模式，增加收益。照片下端可印刷广告，粉丝关注商家微信公众号还会产生"长尾宣传"效应，让商家的广告信息和品牌价值不断地传递给更多的人。

（4）**快速提升品牌形象**。通过微信广告机，用户可以快速制作自己的LOMO卡，提升了商品在用户心中的形象。立足于娱乐体验与品牌互动的营销模式，品牌传播从被动变为主动，不仅巩固现有品牌消费者，更能带动潜在消费者，实现品牌价值的快速提升。

（5）**微信吸粉利器**。通过照片互动娱乐体验，让客户主动扫描二维码，成为商家公众号的好友，有效将客户转换为微信粉丝，以便更好地利用微信公众平台开展微信营销，从而提高商家的销售额和关注度。

2．二维码打发票

消费者在购物时，可以向商家索要发票，有一些企业的发票上携带着二维码，这些发票就是使用二维码发票打印机进行打印的。

随着打印机技术的发展，发票二维码打印机也成了时尚的选择，这种带有二维码的发票更加具有正规性，在使用过程中受到了人们的喜爱。

3．Wi-Fi吸粉

现在有种吸粉"神器"——可通过关注微信公众号实现Wi-Fi上网功能的路由器，特别适合线下的商家。再好的商家微信商城都需要做Wi-Fi入口导航，否则很难积累粉丝。用Wi-Fi广告软件可以将微信加粉做到极致。

例如，WE-Wi-Fi是一种基于微信公众号关注，实现"免费Wi-Fi＋微信关注即登录"的Wi-Fi上网与认证产品，如图7-9所示。用户无需重复认证上网操作，只要微信的关注一直保持，下次到店即可自动连上Wi-Fi上网。

图7-9 WE-Wi-Fi的Wi-Fi吸粉流程

7.2.6 通过虚拟求签、网络测试等方式引流

微信公众号还可以利用求签、测试类的分享链接进行引流。在朋友圈里，经常会看到朋友发各种各样 "求签"类的链接，这些 "求签"的题目都简洁而吸引人。例如：我姓×，我拆开的元宵谜谜是×××；我摇到的新年签是×××等。

下面笔者就用一个简单的例子来说明求签推广法的引流原则，图7-10所示是朋友圈里发布的一条 "新年签"活动。

看到如图7-10的标题，如果有人感兴趣，就会扫码关注公众号，抽取自己的 "新年签"，如图7-11所示。

图7-10 "新年签"活动

图7-11 关注公众号抽取 "新年签"

　　运营者可以在文案中通过优美的图片和生动的文字来激发人们的好奇心理，尤其是稍微富有个性一点的文案，例如"任性""旅行""恋爱"等。这样，其他人也想摇摇自己的新年签，看看自己摇到的新年签是什么，而摇签之前，需要先关注企业微信公众号。

　　除了求签类的推广引流法之外，还有一种就是测试类的推广引流法。因为不管是求签还是测试类的推广引流法，年轻人参与得都比较多，因此一个好的、吸引人的标题能够提高的成功概率。

　　例如："我靠什么找到另一半？"这类测试题目就比较吸引时下的年轻人，下面我们一起来看看该示例，如图7-12所示是朋友圈广为流传的一个"轻测试"引流方案。而"轻测试"引流的技巧在于，受众想要知道结果，就要关注公众号并回复某个词语，才能查看结果，如图7-13所示。

图7-12　"轻测试"引流法　　图7-13　关注才能查看结果

　　"轻测试"引流法的要点是内容新颖，具有悦己悦人的作用，引用"网络热词""关键词"，如"颜值""前方高能""才华"等。

7.2.7　不可缺少的BBS平台宣传推广

　　目前，BBS在国内已经变得十分广泛和普遍，通常来说，BBS可以大致分为5类。

- 校园BBS。
- 个人BBS。
- 专业BBS。

- 情感BBS。
- 商业BBS。

这些BBS的主要特点概括起来有如图7-14所示的几点。

| 包含的信息广 | → | 因为互联网的信息传播优势，BBS能够向网络用户提供广泛而丰富的信息 |

| 更新速度快 | → | 网络世界的信息更新快速，BBS网站的信息也随时都在更新的状态中 |

| 网站交互性强 | → | BBS网站具备很强的交互性，还提供了实时交流、实时交互游戏的功能 |

图7-14　BBS的特点

运营者可以根据自己公众号的主题，在网上寻找相关免费资源，然后在BBS发布内容进行推广引流。例如，针对女性人群的公众号，可以发布美容、时尚、购物、健康以及婚嫁类的信息，如果能够把普通帖发展成为热帖、加分帖、精华帖、推荐帖、置顶帖的话，就能够吸引更多的人关注你的公众号。

专家提醒

大多数公众号的头像都是企业的Logo，千篇一律，受众容易产生视觉疲劳，很多用户在添加关注时，看到企业头像就直接略过。这样让运营者在无形中就错失了很多潜在客户。

针对这种现象，运营者可以考虑把头像换一换。很多知名企业的头像非常有特色，这些头像都是经过艺术处理的，或文艺、或可爱、或有趣等，这样的头像往往很容易抓住用户的眼球。

7.2.8　采用线下推广的渠道进行宣传

广告圈有一句很流行的经典名言，"我知道我投放的广告有一大半都是浪费的，但是我却不知道浪费在哪里。"

这句话充分说明了线下推广的高投资和低回报的特点，虽然不能确保每一个投放出去的广告都能收到效益，但是广告的投放是必须的。同理，虽然并不是每一张二维码都能带来客户，但是运营者在为公众号引流时，仍然不能放过任何一个可能。采用线下推广渠道进行引流的具体流程如图7-15所示。

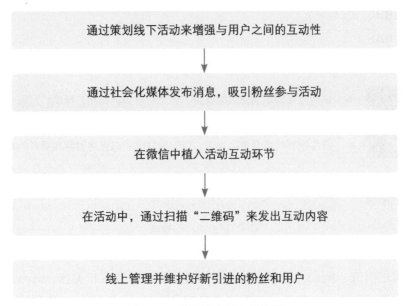

图7-15　线下推广引流的流程

7.2.9 广告宣传加"扫一扫"功能吸引用户

这种方法主要是在各种宣传广告中植入公众号的二维码，感兴趣的用户在看到广告内容后，通常会通过微信"扫一扫"功能来关注公众号的最新动态。运营者可以参考如下的方法进行操作，如图7-16所示。

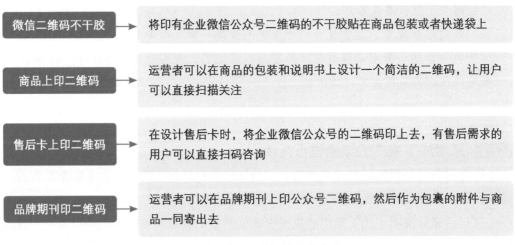

图7-16　植入二维码的操作方法

7.3
5种方式，告诉你怎么靠公众号赚点钱

获得收益是每个私域流量运营者的最终目的，因此掌握一定的赢利方法是每个运营者必不可少的技能。本节笔者将介绍微信公众号的盈利方法，帮助运营者掌握最终私域流量的获利技巧。

7.3.1 软文变现：接商业广告

软文广告是指微信公众平台运营者在公众号文章中植入软广告，以此来获得广告费，从而实现私域流量变现。文章中植入软性广告是指文章里不会介绍产品、直白地夸产品有多好的使用效果，而是选择将产品渗入到文章情节中去，达到在无声无息中将产品的信息传递给消费者，从而使消费者能够更容易接受该产品。

软文广告形式是广大微信公众平台运营者使用得比较多的盈利方式，同时其获得的效果也是非常可观的。图7-17所示是微信公众号"选心有"推送的一篇服装产品的软文广告，该篇文章以励志鸡汤文的形式开头，在文中适时渗入产品广告，并且还附上了商品清单。

图7-17　公众号软文广告示例

　　运营者可以从不同的角度进行文章创意写作，可以增加读者的新鲜感，读者一般看到不常见的事物，往往会花费一点时间来"摸清底细"，从而就有可能耐心地通读正文，为营销的实现提供很好的助力。

　　创意式软文的写作可以通过多种形式来实现，其中，制造商品热卖和紧俏场景、剑走偏锋就是其中比较有效的方法。如今，有很多销售行业的私域流量运营者，为了让自己在偌大的公域流量里脱颖而出，就使用了不走常规的形式，找一些新的、不同以往的办法来解决问题，以求出奇制胜来获取读者的注意力。

　　文章写作也是如此，在读者对于如同潮水一般的文章营销已经有了审美疲劳的时候，就需要想办法给读者和消费者一针强心剂，而拥有不同思维的创意写作，就是最有效的。

7.3.2 广告变现：开通流量主

　　流量主功能是腾讯为微信公众号量身定做的一个展示推广服务，主要是指微信公众号的管理者将微信公众号中指定的位置拿出来给商家打广告，然后收取一定费用的推广服务。图7-18所示为"管理价值"公众号在文章底部的广告区给"学而思网校"打的流量广告。

在"管理价值"微信公众号的特定位置，把"学而思网校"的广告推送出去，然后根据点击量进行收费，这就是流量广告的盈利方式

图7-18　流量广告示例

想要做流量广告，微信公众号运营者就要先开通流量主，在微信公众平台的"推广"选项区中单击"流量主"文字链接，如图7-19所示。进入开通页面，如图7-20所示。

图7-19 单击"流量主"文字链接　　　　　　　　图7-20 开通"流量主"页面

运营者单击"申请开通"按钮，就能进入开通页面，如果没有达到相关的要求，就不能开通流量主功能，平台会跳出"温馨提示"对话框，如图7-21所示。

图7-21 未达到开通要求的"温馨提示"

对于想要通过流量广告进行盈利的运营者而言，最先要做的就是把自己的用户关注量提上去，只有拥有足够大的公众号私域流量池，才能开通流量主功能，进行盈利。关于关闭流量主、屏蔽流量主广告、流量主广告展示位的一些说明，如下所示。

● 关闭流量主：在"流量主/流量管理"页面关闭流量开关，需要注意的是，关闭后，要24小时后才能重新打开。

● 屏蔽广告：在"流量主/流量管理"页面中，设置广告主黑名单，其广告就不会出现在流量主的公众号中。

- 广告展示位：通常流量主的广告展示位置在全文的底部。
- 广告展示形式：文字链接。
- 广告推广页面：图文页面+推广公众号横幅。

7.3.3　电商变现：开通微信小店

2014年5月29日，微信公众平台正式推出了"微信小店"，功能包括添加商品、商品管理、订单管理、货架管理、维权等，开发者可使用接口批量添加商品，快速开店，挖掘私域流量的购买力，通过微信小店销售产品来实现盈利。

已接入微信支付的公众号，可在服务中心中申请开通微信小店功能。如图7-22所示为"印美图"的微信小店。据悉，其首款产品上线仅6天，销售额就突破100万元，成为微信小店首个收入破百万的产品。

图7-22　微信小店示例

开通微信小店必须有几个先决条件：第一必须是服务号；第二必须开通微信支付接口；第三必须缴纳微信支付接口的2万元押金。其中，服务号和微信支付都需要企业认证，再算上不低的押金，整体来看，微信小店的门槛其实不低。如果你的企业没有这么多预算，建议做个微信网站即可，并且效果也不比微信小店差。

对微信官方而言，"微信小店"将丰富微信和微信支付的应用场景。运营者在微信中搭建自己的电商平台，还有助于其扩展微信公众号的业务范围。

7.3.4 内容变现：粉丝点赞打赏

为了鼓励优质的微信公众号内容，微信公众平台推出了"赞赏"功能，帮助运营者将高质量的私域流量快速变现。目前，微信已经淡化"赞赏"二字，将其改为"喜欢作者"，这也体现出了微信平台对优质内容创作者的重视，如图7-23所示。除了"喜欢作者"外，还有"稀罕作者""钟意作者"等字样，满足不同地区的用户语言使用习惯。

图7-23　微信赞赏功能

运营者想要给自己的微信公众号开通这一功能，就需要经历两个阶段。

● 第一个阶段是坚持一段时间的原创后，等到微信公众平台发出原创声明功能的邀请，运营者就可以在后台申请开通原创声明功能了。

● 第二个阶段是在开通原创声明功能后，继续坚持一段时间的原创，等待微信后台发布赞赏功能的邀请，这时，运营者就可以申请开通赞赏功能了。

运营者如果符合开通要求，那么只需在赞赏功能开通页面单击"开通"按钮，即可申请开通赞赏功能，如图7-24所示。

图7-24　赞赏功能开通页面

7.3.5　服务电商：售卖服务变现

很多运营者通过微信公众号向自己的粉丝售卖各种服务，达到私域流量变现的目的。这种变现方式与内容电商的区别在于，服务电商出售的是各种服务，如打车、住酒店、买机票等，而不是实体商品。

例如，"木鸟短租"公众号就是一个典型的服务电商平台，可以为用户提供民宿预订服务。在公众号内容页面通过精美的图文展现景区攻略、民宿房源和价格等信息，用户可以直接点击图片跳转到小程序下单，如图7-25所示。

图7-25　"木鸟短租"公众号和相关的服务内容

社群成交：
看懂少数人精通的
红利游戏

　　如今是以人为本的时代，"人"占领了所有营销的主导地位，没有"人"就没有"流量"。社群营销算是一种最贴近"人"的营销模式，可以帮助运营者获得更具精准性和忠实性的"铁杆粉丝"，打造更加稳固的私域流量池，抓住未来的商业核心动力。

8.1
社群营销：从社群运营到社群经济

运营者要通过社群实现变现，必须构建自己的私域流量，同时做好用户运营工作，只有通过社群为用户带来真正的价值，用户才有可能为你买单。

然而，很多人在做社群营销时存在一种普遍的误区，那就是将"粉丝经济"与"社群经济"画上等号。而事实上并不是这样，运营者只要掌握了以下3大关键，就能很好地打破"粉丝经济=社群经济"的观念，进一步了解社群营销的本质，从社群运营走入"社群经济"，有效地转化社群里的私域流量。

8.1.1 极致的产品体验+用心的内容传播

如今，我们已经身处一个"社交红利时代"。在这个时代里，只要有谁懂得社交、懂得传播，就能够掌握商业流量的先机。就像"罗辑思维"，如若不是它在社群中蕴含着3点，也不会被广泛人群追捧，如图8-1所示。

图8-1 "罗辑思维"社群蕴含了3点重要因素

苹果如若不是把手机做得那么极致，也不会产生那么庞大的粉丝经济；"MyBMWClub"如若不是它的服务做到极致，也不可能有20万人级别社群的影响力。如若那些在社群营销中尝过甜头的企业，没有将产品或体验做到极致，那么他们的所作所为只是在互联网中进行一次容易被淡忘的炒作而已。

由此可知，将产品或体验做到极致在社群营销中是非重要的，鉴于前面的成功经验，应该学习那些社群前辈们的社群思维，以社群思维为核心，为自己的社群成员制造出符合自己产品的极致体验。

当然，单单只是将产品或体验做到极致是不够的，运营者还得学会传播。很多人会误认为社群营销不需要传播，传播容易使社群成员产生反感心理。其实不然，如若运营者不去传播，怎能将新产品展现在社群成员面前呢？那么社群成员又怎么能知道产品的好处、全面了解产品呢？

所以，传播一定要有，只是方法的问题，运营者可以将传播嵌入到活动中，让社群成员在活动中了解到产品的信息，也可以像"罗辑思维"一样，将传播做到产品中，每日60秒，在其中推荐产品，社群成员可以回复当天的"关键词"，就能获得630秒内容的深入了解，这样推荐产品更容易让人接受。

因此可以说明，在社群营销中，"极致的产品体验+用心的内容传播"是一对重要的组合，虽然它们不一定是决定社群营销成功与否的关键，但是没有这样的一个组合，社群营销是很难成功的。

8.1.2 "粉丝经济" ≠ "社群经济"

很多人都会容易混淆"粉丝经济"与"社群经济"，认为"粉丝经济"＝"社群经济"，其实这样理解是不准确的。任何企业品牌都会有属于自己的粉丝，但如果仅仅停留在粉丝这个层面，那么无非就是把以前忠实用户的称呼换一种说法而已。

对于私域流量运营者来说，只有经营"粉丝经济"而没有依靠"粉丝经济"的说法，而"社群经济"就是将不同类别的人聚集在一起，可谓是包罗万象。但这些人有一个共同的核心，就是对运营者的忠诚度比较高，如图8-2所示。

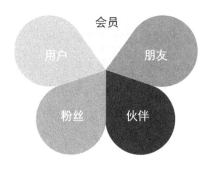

图8-2 "社群经济"中包含的人群

运营者只有完成"客户到朋友"的转变，才能聚集成一个有价值、参与性强的社群，如图8-3所示。

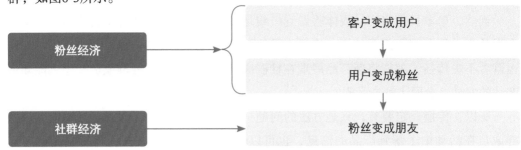

图8-3 客户到朋友的转变

在互联网冲击下，有许多没有组织的人在互联网中游荡，运营者需要将其中适合自己产品的人聚集起来，经过一段时间的优胜劣汰的选择，获得最忠诚的社群成员和朋友。

8.1.3 社群私域流量的价值重点在于运营

在所有的微信生态中，社群这种形态最适合用来承接私域流量的营销价值。相对于点对点沟通触达的微信个人号而言，社群具有半开放性的特点，不仅可以提高沟通的效率，还能够减少社交压力，增加用户的互动量，从而促进用户转化。

当然，社群营销的重点还是在于运营，只有运营得当，才有可能让社群不断发展壮大，将社群中的私域流量进行变现。

1. 从"小"出发

很多人的社群营销之所以成功，是因为他们从"小"出发，将自己的进群范围缩小，将态度和主张体现出来，从而产生小众的人格魅力，使得粉丝、用户因为认同运营者的魅力而聚集在一起。

2. 学会"连接"

随时随地连接社群成员，是社群运营必须要做的，只有这样的社群营销才能与社群成员建立起不可磨灭的感情。如若运营者不重视"连接"，那么他的社群必定不会是一个成功的流量变现渠道，只会是一个曾经聚集过人群的载体而已。因此，运营者要学会及时"连接"社群成员，与他们打成一片，彼此成为好朋友、好伙伴。

3. 需要"凝聚力"和"挑选"

社群在刚开始运营时，社群成员有可能是一群乌合之众，他们需要在运营者的带领下，才能因为某件事长久地聚集在一起，不然很容易出现流失，并且没有凝聚力。

若一个社群连凝聚力都没有，那么这个社群并不是一个整体，而是一盘散沙。

因此，运营者在建立社群的初期，需要提出某个点，使得人们因为这个点而聚集起来；并且运营者还要与聚集起来的人群进行一对一、一对多的交流，走进社群成员的生活中，与他们一起交流、探讨、谈天说地，这样才能将社群运营起来。

运营者需要注意的是学会挑选，不能只将注意力放在人多的情况下，而是需要将注意力放在人群质量上。学会在社群里"取其精华，去其糟粕"，挑选出质量高的社群成员，这样才能使社群氛围越来越好，这种私域流量的价值才会更高。

8.2
社群引流必知，超实用的涨粉技巧

社群在各行各业中的作用越来越明显，运营者利用社群与用户进行互动和沟通，不断挖掘和传播品牌价值，给用户提供更好的服务，创造商机。在社群私域流量的运营过程中，最重要的就是粉丝的积累，只有积累了足够多的粉丝，才能实现社群的真正价值。

8.2.1 线下沙龙活动引流，聚集志趣相投的人

沙龙是一群志趣相投的人在一起交流的社交活动。沙龙活动具有以下几个特点，如图8-4所示。

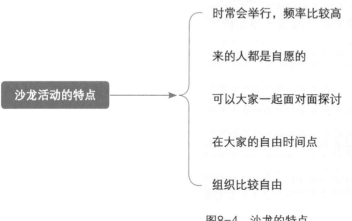

图8-4　沙龙的特点

运营者在参加沙龙活动，进行线下引流之前，还需要明确以下几点。

1.选择自己喜欢的沙龙

运营者要选择自己喜欢的沙龙参加，这样参加沙龙就不会变成耗时、耗成本的事，引流效果也会更好。

2.选择符合平台特点的沙龙

只有参加符合自己个人IP特点的沙龙活动，运营者才能成为焦点，才能吸引到目标用户。

3.选择和经营产品匹配的沙龙

引流不能只看数量不看质量，要选择和经营产品匹配的沙龙，这样吸引的粉丝会更精准。

运营者应该知道，为社群引流的目的是让更多潜在客户转换成自己的私域流量，要做到这一点，以上提到的几点就一定要清楚，这是进行线下引流的前提，有目标的进行引流，才能得到最好的效果。

参加线下沙龙还有一些有技巧的做法，如图8-5所示。

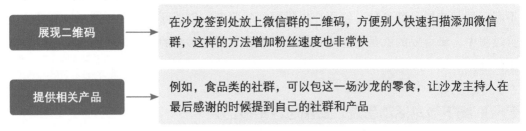

图8-5　参加线下沙龙的技巧

8.2.2 参加创业活动，展示自己的绝佳舞台

运营者通过参与创业活动来引流是一种不错的引流方式，不过参加的活动需要具备以下几个特点，如图8-6所示。

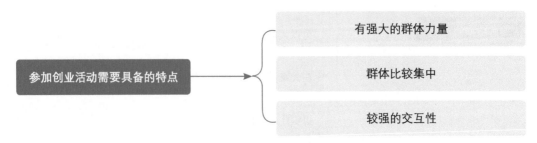

图8-6　参加创业活动需要具备的特点

就拿微商创业大赛来说，这是一个展示自己的绝佳舞台，可以让大家看到你的各种优势，将这样的比赛利用起来，突显自己的特长和优势，并积极参与互动环节，让来看比赛的人都能记住你，自然会有人主动加入你的社群。

8.2.3 线下门店引流，将陌生客户转化为朋友

针对有实体店的运营者来说，社群最大的好处就是可以把陌生客户作为资源，不管成交与否，只要加了微信群，就能做生意。这样，店里的客户流失率就能控制在最小的范围内。实体店是一种很好的线下引流渠道，运营者一定要好好利用这个资源，原因如图8-7所示。

实体店线下引流的优势 —— 包括 ——

通过面对面交流，最能卸除客户的防备心理

有实体店的产品的质量和服务能够看到，能够增加客户的信任度

社群成员都是上门购物的客户，引流更精准

有需求的客户会将他的好友拉进群，形成裂变效应

图8-7 实体店线下引流的优势

例如，兴盛优选就是一个通过社群来管理用户的平台，依托社区实体便利店，通过"线上预售+线下自提"的模式，来帮助用户解决各种家庭消费的日常需求，如图8-8所示。兴盛优选的社群营销模式，不仅为实体门店带来了极大的流量，提供更多额外的增量收入，而且也为消费者提供了更好的售后保障。

实体店线下引流的具体方法如图8-9所示。在做到这几点之

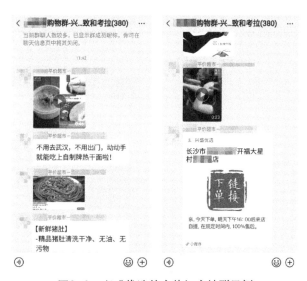

图8-8 兴盛优选的实体门店社群示例

后，社群运营者接下来要做的就是"坚持坚持再坚持"，这样才能看到成效。

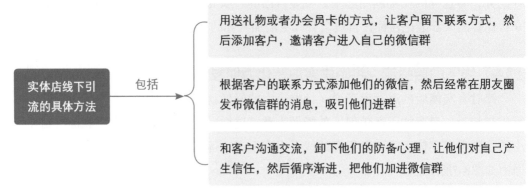

图8-9　实体店线下引流的具体方法

8.2.4 利用@工具引流，提醒合适的人进群

对于"@"大家应该都不陌生，自2009年09月25日新浪微博官方博客发表博文《@功能上线，微博上交流更方便》后，中国的微博@时代诞生了。"@"谐音"爱他"，是用来提醒他人查看自己所发布消息的工具。

前面的章节已经介绍了微博的@引流技巧，下面介绍其他平台的@工具引流技巧，帮助运营者的社群快速聚集流量。

1. 通过QQ空间的@功能引流

QQ空间中@的用法一般有两种。

● 发表说说时使用@工具提醒好友查看，如图8-10所示。

图8-10　发表说说时使用@工具

● 发表空间日志时，使用"通知好友"提醒好友查看。

 **专家提醒**

使用"通知好友"最多可以通知30个好友。

2. 通过微信朋友圈@功能引流

在编辑朋友圈时，上传微信群的二维码图片，并输入相应的描述文字，点击"@提醒谁看"按钮，如图8-11所示。进入"提醒谁看"界面，选择需要@的微信好友，最多可以同时选择10个，如图8-12所示。

图8-11　点击"@提醒谁看"按钮　　　　图8-12　选择微信好友

 **专家提醒**

通过@微信好友，可以提醒微信好友第一时间关注你发布的微信文字。

点击右上角的"确定"按钮，回到发布界面后，即可添加好友名字，如图8-13所示。点击右上角的"发表"按钮，即可在微信朋友圈看到刚刚发布的消息，另外在底部还会看到@的微信好友的名字，如图8-14所示。

3. 通过线下沙龙@引流

可能很多人会好奇，@工具不是只能线上使用吗？线下怎么使用啊？其实@工具

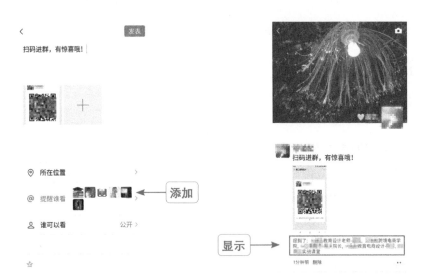

图8-13　添加好友名字　　　　　图8-14　显示@的好友名字

在线下的使用就相当于是利用@工具进行线下引流，把线下资源转到线上来。

举个很简单的例子，线下沙龙一般会举行各类活动，在活动结束后，可以要求大家发朋友圈总结一下沙龙的内容或者发表一下自己参加这次沙龙的感悟，然后在发朋友圈的时候，@一下沙龙的主讲人，主讲人随意说个数字，在@他的人中进行抽奖。这样的用法会提高大家参与沙龙的积极性，达到比较好的引流效果。

8.2.5　社群粉丝发展，利用其他工具来引流

除了常见的线上线下引流方法之外，还有电子书引流法和资源引流法，下面笔者为大家介绍这两种引流法。

1. 电子书引流法

社群运营者利用电子书进行引流的优势有以下几点。

- 增加用户的信任感，提高平台的关注率；
- 有助于社群运营者打造品牌；
- 效果更持久、目标更精准、传播性能更好；
- 能增强目标用户在收集信息方面的体验感。

电子书可以通过以下几种方式进行传播。

- 在平台经营相关的领域的专业论坛发帖；
- 在新浪开通博客并发表博文；
- 在百度知道里回答相关问题；

- 提交到资源网站供大家下载分享；
- 上传到产品相关的QQ群里；
- 在专门的电子书网站进行分类提交。

电子书引流有以下几个特点，如下所示：

- 制作简单，价格低廉；
- 可以通过用户进行离线传播；
- 传播的时效性比较长；
- 可升级为图文并茂的电子杂志。

2. 工具引流之资源引流

运营者可以找一些软件资源，发布到网站上，文章里面这样写道："×××软件，不知道大家是否需要，如果需要的可以加我微信！"文章下附上软件的截图，或者可以分享部分软件出来，附上说明："有空的时候发邮箱，如果有急需的可以加我微信，微信号：×××××××××"，再加上自己的微信群二维码。

这个方法适用于那些有不错软件资源的人，运营者还可以根据自己的产品和行业去寻找一些有用的软件。

8.3
社群变现，打造可持续的私域盈利机器

运营者想要通过社群盈利，实现私域流量变现，就必须了解社群变现盈利的方式。本节笔者将为大家介绍社群服务、会员收费、社群广告等几大重要的变现模式，帮助运营者在私域社群运营大流中收获红利。

8.3.1 社群电商变现：社交电商模式

运营者可以通过自建线上电商平台来提升用户体验，砍掉更多的中间环节，通过社群把产品与消费者直接绑定在一起。社群电商平台主要包括App、小程序、微商城和H5网站等，其中"小程序+H5"是目前的主流形式，可以轻松实现商品、营销、用户、导购和交易等全面数字化。如图8-15所示为兴盛优选的H5店铺和小程序店铺界面，可以方便社群用户快速下单。

　　然而，很现实的一个问题是，许多商家依靠自身的力量是无法打造线上电商平台的。这主要是因为有两大难题摆在了商家面前，一是没有自己的线上平台，二是没有足够的流量。当然，这两个难题实际上是一个难题，那就是难以建立有影响力的线上电商平台。

　　通过"小程序＋H5"打造双线上平台，企业和商户们可以在线上商城、门店、收银、物流、营销、会员、数据等核心商业要素上下功夫，构建自身的电商生态，对接社群的私域流量，打造"去中心化"的社交电商变现模式。

图8-15　兴盛优选的H5店铺和小程序店铺界面

　　除了自建电商平台外，运营者也可以依靠有影响力、有流量的第三方平台，在其中推出直营网店，或者发展网络分销商来进行私域流量变现。例如，微盟就是一个社会化分销平台（Social Distribution Platform，简称SDP），为客户提供零售行业全渠道电商整体解决方案，如图8-16所示。

图8-16　微盟的社会化分销平台

微盟的SDP模式可以帮助零售企业解决分销商管控、库存积压、利益分配和客户沉淀等难题，具有如图8-17所示的5大价值。

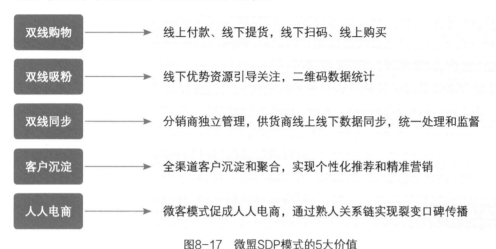

图8-17　微盟SDP模式的5大价值

8.3.2　社群广告变现：用户=流量=金钱

在社群经济时代，我们一定要记住一个公式"用户=流量=金钱"。同公众号和朋友圈一样，有流量的社群也可以用来投放广告，而且效果更加精准，转化率也相当高，同时群主能够通过广告的散布实现快速营收。

社群是精准客户的聚集地，将广告投放到社群宣传效果会更好，群主也可以多找一些同类型的商家合作。社群广告变现的相关技巧如图8-18所示。

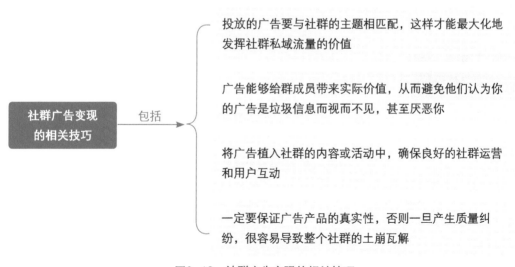

图8-18　社群广告变现的相关技巧

对于那些管理非常优秀的社群来说，适当接广告不失为一种快速变现的好方法。当然，广告主对于社群也非常挑剔，他们更倾向于流量大、转化高的社群，这些都离不开群主的精心运营。

8.3.3 社群会员变现：付费会员制

招收付费会员也是社群运营者变现的方法之一，通常来说，付费会员一般要享有一些普通会员不能享有的特权，如图8-19所示。

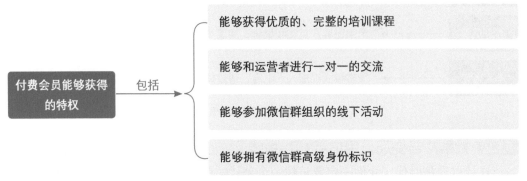

图8-19 付费会员能够获得的特权

除了以上的一些特权之外，付费会员还可以参与群内部的一些项目筹划、运营工作，能够与社群的领头人物成为好朋友，达成长远的合作关系，还能共享各自优质的资源，总结而言如图8-20所示。

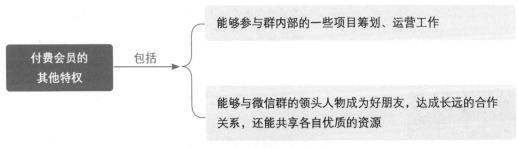

图8-20 付费会员的其他特权

社群做得比较好的如"罗辑思维"，就曾经推出过付费会员制，其具体的收费模式如图8-21所示。

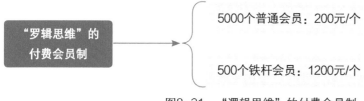

图8-21 "逻辑思维"的付费会员制

我们看到，"罗辑思维"这个看似不可思议的会员收费制度，其名额却在半天就售罄了。"罗辑思维"为什么能够做到这么"牛"的地步，主要是他运用了社群思维来运营私域流量，将一部分属性相同的人聚集在一起，形成一股强大的力量。

"罗辑思维"在运营初期的主要任务也是积累粉丝，因为只有积累了足够的私域流量，才能厚积薄发，为后期的运营提供最大的便利，"罗辑思维"主要是通过如图8-22所示的各种各样的方式来吸引用户。

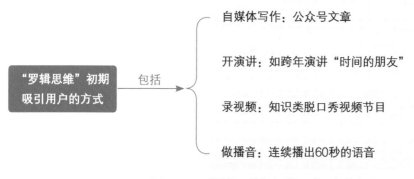

图8-22 "罗辑思维"初期吸引用户的方式

等粉丝达到了一定的量之后，"罗辑思维"便推出了招收收费会员制度。对于"罗辑思维"来说，实行招收会员制度不仅仅是为了盈利，还有如图8-23所示的3个目的。

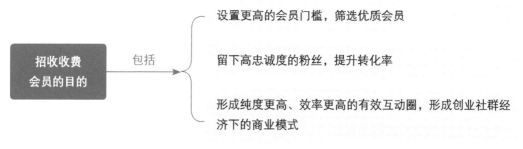

图8-23 招收收费会员的目的

实行收费会员制，能够为社群筛选出更为精准的人际圈。很多运营者在运营社群的过程中，会发现社群在壮大的同时，也掺杂了许多水分，例如很多人从来不在群里露面，很多人也从来不参与群主发布的话题。这个时候，运营者需要从自身找问题，也要从群成员的角度找问题，看看是什么原因导致他们不够活跃。

如果是运营者自身的原因，则需要改变运营策略，做出相应的调整。例如，运营者发现群里很多人常常发布与群主题无关的话题，以致影响到其他群友的关注度。这个时候，运营者就可以制定群规，规定群里的成员不能发布与群宗旨无关的话题，否则第一次予以警告，第二次罚以红包，第三次踢出群。

如果运营者发现是群成员的问题，即有些群成员并不适应该群的运营方式，同时也不能对群做出任何贡献。这个时候，运营者就可以通过会员收费的模式来给自己的社群设置更高的门槛，具体方法如图8-24所示。

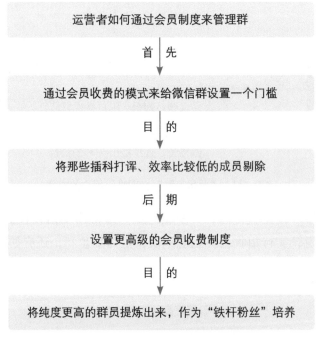

图8-24　通过会员制度管理社群

既然运营者想要通过会员制度组建VIP微信群，那么初期就需要对会员进行招募，招募的渠道很多，可以通过朋友圈，也可以通过微信公众平台。如图8-25所示为"菜鸟理财"的会员招募信息。

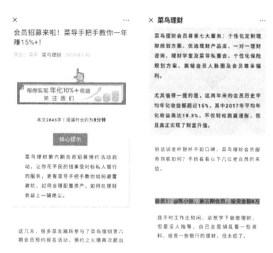

图8-25   "菜鸟理财"的会员招募信息

8.3.4 **社群活动变现：线下聚会活动**

　　对于拥有一定数量的粉丝，同时是本地类的社群而言，可以通过线下聚会的活动
形式进行盈利，具体方法如图8-26所示。

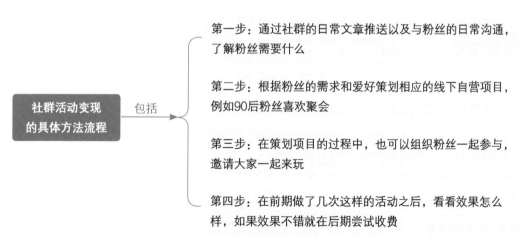

图8-26   社群活动变现的具体方法流程

进行线下自营模式的社群最好能够满足如图8-27所示的几点要求。

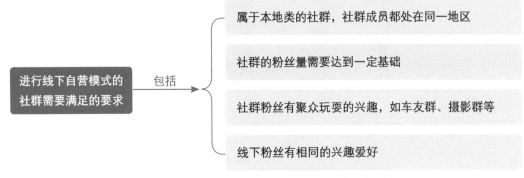

图8-27　进行线下自营模式的社群需要满足的要求

下面笔者将为大家介绍这几种社群活动的变现形式。

1. 找商家给群活动冠名赞助

什么叫冠名赞助？微信运营者如何通过冠名赞助方式实现变现呢？下面笔者为大家详细介绍。冠名赞助可以从两方面来理解，一个是冠名，一个是赞助，如图8-28所示。冠名赞助的意思就是企业为了提升产品或品牌的知名度和影响力，通过向某些组织的活动提供资金支持，从而让企业产品或品牌出现在该组织的活动上增加曝光率的一种商业行为。

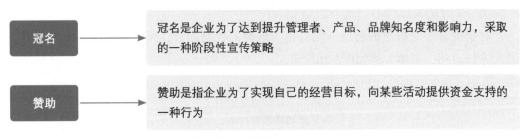

图8-28　对冠名赞助的理解

社群运营者可以凭借自身的影响力和私域流量的传播力来寻找合适的赞助商。双方谈妥冠名赞助事宜之后，由赞助商为社群活动全部出资或部分出资，运营者则将赞助商的商标、产品或名称嵌入到社群活动中。这样，既能帮助社群实现盈利，又能让商家品牌有更多的曝光率，达到宣传的目的。

给商家冠名不仅仅可以出现在活动现场，还可以出现在后期的活动总结中。社群运营者可以在活动结束后发布一些活动信息，例如"特别感谢"类的文章，在文章中，就可以将品牌嵌入，再一次为商家进行宣传，同时还可以借助商家的影响力形成一种宣传效应。图8-29所示为"牡丹江大小事儿"在微信公众平台上感谢商家冠名赞助的内容，在该内容中，着重将商家信息体现了出来。

图8-29　感谢商家冠名赞助的内容

2. 与商家合作开展活动实现盈利

社群运营者除了找品牌企业、商家给自己提供赞助经费实现活动盈利之外，还可以通过和其他商家合作开展线下活动的方式来实现盈利，盈利的来源主要包括如图8-30所示的几种方法。

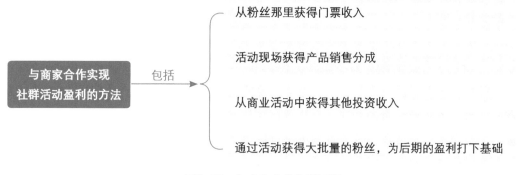

图8-30　与商家合作实现盈利

例如，在现实生活中就有这样的实例，运营者通过自己的影响力和美食商家达成合作，美食商家给运营者及参与活动的社群成员提供免费的食物和活动场地，运营者只需要为商家免费宣传一次即可。这样的"霸王餐"活动看似是商家吃亏了，但其实由运营者带来的影响力远远大于这顿免费的食物，而运营者却能够带领群成员开开心心地吃上一顿，这种合作方式是共赢的。

3. 举办收费活动实现盈利

如果运营者的粉丝很多，还可以通过举办线下收费活动的方式来实现商业变现，线下收费活动包括很多，如图8-31所示。

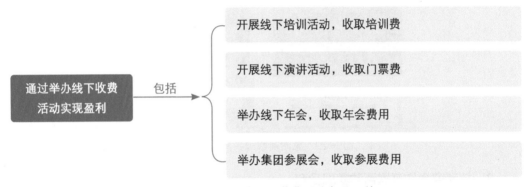

图8-31　通过举办线下收费活动实现盈利

例如，"罗辑思维"举办的《时间的朋友》跨年演讲会就是很好的通过线下收费活动实现变现的例子，粉丝想要参加这一跨年演讲会，就需要购买演讲会的门票，而"罗辑思维"《时间的朋友》跨年演讲会的门票并不便宜，因此短时间内，罗振宇及其团队获利颇丰。

8.3.5　社群商业变现：小范围创业盈利

社群也可以通过与企业合作，围绕相关的企业业务或产品进行小范围的创业，以此来实现社群私域流量的变现。小范围指的是那些没有团队和资金的人，可以在一个固定的小范围区域或者细分垂直领域进行创业。下面列举了一些小范围创业的基本形式，如图8-32所示。

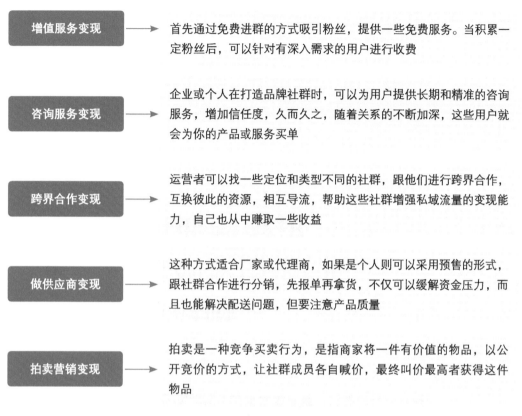

增值服务变现	首先通过免费进群的方式吸引粉丝，提供一些免费服务。当积累一定粉丝后，可以针对有深入需求的用户进行收费
咨询服务变现	企业或个人在打造品牌社群时，可以为用户提供长期和精准的咨询服务，增加信任度，久而久之，随着关系的不断加深，这些用户就会为你的产品或服务买单
跨界合作变现	运营者可以找一些定位和类型不同的社群，跟他们进行跨界合作，互换彼此的资源，相互导流，帮助这些社群增强私域流量的变现能力，自己也从中赚取一些收益
做供应商变现	这种方式适合厂家或代理商，如果是个人则可以采用预售的形式，跟社群合作进行分销，先报单再拿货，不仅可以缓解资金压力，而且也能解决配送问题，但要注意产品质量
拍卖营销变现	拍卖是一种竞争买卖行为，是指商家将一件有价值的物品，以公开竞价的方式，让社群成员各自喊价，最终叫价最高者获得这件物品

图8-32　小范围创业的基本形式

当你的社群拥有一定的私域流量和变现能力后，便可形成一个商业闭环，进而实现"社群经济"最大商业价值的发挥。

短视频变现：
抖音引流吸粉＋
赚钱攻略

第9章

　　随着时代的发展，商业模式也在不断地发展，不管你身处哪个行业，在面对火爆的短视频潮流时，都要积极做出改变，否则你的思路将跟不上时代发展，你会被淘汰。尤其对于做私域流量运营的人来说，更要改变思维，抓住这波短视频流量红利，学会利用短视频来获得更多盈利。

9.1
抖音引流，这10个方法，让效率翻倍！

抖音短视频自媒体已经是一种发展趋势，影响力越来越大，用户也越来越多。对于抖音这个聚集大量流量的地方，私域流量运营者们怎么可能会放弃这个好的流量池。本节将介绍通过抖音短视频引流的技巧，让你效率翻倍，每天都能够轻松引流吸粉1000+！

9.1.1 硬广告引流，简单、直接、有效

硬广告引流法是指在短视频中直接进行产品或品牌展示。建议运营者可以购买一个摄像棚，将平时朋友圈发的反馈图全部整理出来，然后制作成照片电影来发布视频，如减肥的前后效果对比图、美白的前后效果对比图等。

例如，华为荣耀手机的抖音官方账号就联合众多明星达人，如李现、欣小萌、朱正廷以及贾玲等，打造各种原创类高清短视频，同时结合手机产品自身的优势功能来推广产品，吸引粉丝关注，如图9-1所示。

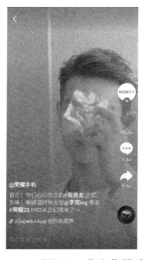

图9-1　华为荣耀手机的短视频广告引流

9.1.2 抖音热搜引流，蹭热词获得高曝光

对于短视频的创作者来说，蹭热词已经成为一项重要的技能。用户可以利用抖音热搜寻找当下的热词，并让自己的短视频高度匹配这些热词，得到更多的曝光。

下面总结出了4个利用抖音热搜引流的方法，如图9-2所示。

图9-2　利用抖音热搜引流的方法

9.1.3 原创视频引流，获得更多流量推荐

有短视频制作能力的运营者，原创引流是最好的选择。运营者可以把制作好的原创短视频发布到抖音平台，同时在账号资料部分进行引流，如昵称、个人简介等地方，都可以留下微信等联系方式。

抖音上的年轻用户偏爱热门和创意有趣的内容，在抖音官方介绍中，抖音鼓励的视频是：场景、画面清晰；记录自己的日常生活，内容健康向上，多人类、剧情类、才艺类、心得分享、搞笑等多样化内容，不拘于一个风格。运营者在制作原创短视频内容时，可以记住这些原则，让作品获得更多推荐。

9.1.4 评论区，也是重要的引流展现平台

抖音短视频的评论区基本上都是抖音的精准受众，而且都是活跃用户。运营者可以先编辑好一些引流话术，话术中带有微信等联系方式。在自己发布的视频评论区回复其他人的评论，评论的内容直接复制粘贴引流话术。

1. 评论热门作品引流法

精准粉丝引流法主要通过关注同行业或同领域的相关账号，评论他们的热门作品，并在评论中打广告，给自己的账号或者产品引流。例如，卖女性产品的运营者可

以多关注一些护肤、美容等相关账号，因为关注这些账号的粉丝大多是女性群体。

用户可以到"网红大咖"或者同行发布的短视频评论区进行评论，评论的内容直接复制粘贴引流话术。评论热门作品引流主要有两种方法。

● 直接评论热门作品：特点是流量大、竞争大。

● 评论同行的作品：特点是流量小，但是粉丝精准。

例如，做减肥产品的运营者，可以在抖音搜索减肥类的关键词，即可找到很多同行的热门作品。运营者可以将这两种方法结合起来做，同时注意评论的频率。还有评论的内容不可以千篇一律，不能带有敏感词。

评论热门作品引流法有两个小诀窍，具体方法如下。

● 用小号到当前热门作品中去评论，评论内容可以写：想看更多精彩视频请点击→→@你的大号。另外，小号的头像和个人简介等资料，这些都是用户能第一眼看到的东西，因此要尽量给人很专业的感觉。

● 直接用大号去热门作品中回复：想看更多好玩视频请点我。注意，大号不要频繁进行这种操作，建议一小时内去评论2～3次即可，太频繁的评论可能会被系统禁言。这么做的目的是直接引流，把别人热门作品里的用户流量引入到你的作品里。

2. 抖音评论区软件引流

网络上有很多专业的抖音评论区引流软件，可以多个平台24小时同时工作，源源不断地帮运营者进行引流。运营者只要把编辑好的引流话术填写到软件中，然后打开开关，软件就自动不停地在抖音等平台的评论区评论，为运营者带来大量流量。需要注意的是，仅仅通过软件自动评论引流的方式还不是很完美，运营者还需要上传一些真实的视频，对抖音运营多用点心，这样吸引来的粉丝黏性会更高，流量也更加精准。

9.1.5 抖音矩阵引流，打造稳定的粉丝流量池

抖音矩阵是指通过同时做不同的账号运营，来打造一个稳定的粉丝流量池。道理很简单，做一个抖音号也是做，做10个抖音号也是做，同时做可以为你带来更多的收获。打造抖音矩阵基本都需要团队的支持，至少要配置2名主播、1个拍摄人员、1个后期剪辑人员以及1个推广营销人员，从而保证多账号矩阵的顺利运营。

抖音矩阵的好处很多，首先可以全方位地展现品牌特点，扩大影响力；而且还可以形成链式传播进行内部引流，大幅度提升粉丝数量。例如，在抖音上很火的城市西安，就是在抖音矩阵的帮助下成功的。据悉，西安已经有70多个政府机构开通了官方

抖音号，这些账号通过互推合作引流，同时搭配KOL引流策略，让西安成了"网红"打卡城市。西安通过打造抖音矩阵可以大幅度提升城市形象，同时给旅游行业引流。当然，不同抖音号的角色定位也有很大的差别。

抖音矩阵可以最大限度地降低单账号运营风险，这和投资理财强调的"不把鸡蛋放在同一个篮子里"的道理是一样的。多账号一起运营，无论是做活动还是引流吸粉都可以达到很好的效果。但是，在建立抖音矩阵时还有很多注意事项，如图9-3所示。

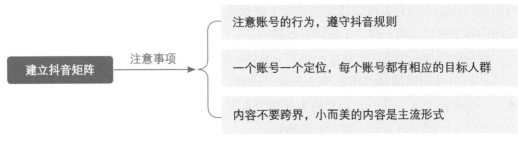

图9-3　建立抖音矩阵的注意事项

这里再次强调抖音矩阵的账号定位，这一点非常重要，每个账号的角色定位不能过高或者过低，更不能错位，既要保证主账号的发展，也要让子账号能够得到很好的成长。例如，华为公司的抖音主账号为"华为"，粉丝数量达到了370万，其定位主要是品牌宣传，子账号包括"华为终端""华为云""华为AI生态""华为智选""华为企业服务"以及"华为终端云服务"等，分管不同领域的短视频内容推广引流，如图9-4所示。

图9-4　华为公司的抖音矩阵

9.1.6 私信消息引流，增加每一刻的曝光

抖音支持"发私息"功能，一些粉丝可能会通过该功能给运营者发信息，运营者可以时不时看一下，并利用私信回复来进行引流，如图9-5所示。

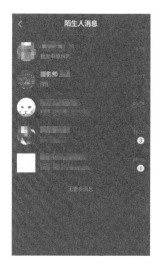

图9-5 利用抖音私信消息引流

9.1.7 跨平台引流，获得更多专属的流量资源

目前来说，除了那些拥有几百上千万粉丝的抖音达人账号外，其他只有百十来万粉丝的大号跨平台能力都很弱。这一点从微博的转化就能看出来，普遍都是100：1，也就是说抖音涨100万粉丝，微博只能涨1万粉丝，跨平台的转化率非常低。

微博是中心化平台，如今已经很难获得优质粉丝；而抖音则是去中心化平台，虽然可以快速获得粉丝，但粉丝的实际黏性非常低，转化率还不如直播平台高。其实，直播平台也是去中心化的流量平台，但可以人为控制流量，同时粉丝黏性也比较高，因此转化到微博的粉丝比例也要更高一些。

专家提醒

抖音账号流量不高的原因有两方面，一是内容不行，二是受众太窄。例如，一个新注册的抖音账号，内容定位为"家装"，这就相当于把那些没买房和没在装修的人群全部过滤掉了，这样账号的受众就非常窄，流量自然不会高。抖音平台给新号的流量不多，运营者一定要合理利用，内容覆盖的受众越大越好。

> 还有一点，"颜值"很重要，可以换一个帅一点的男演员或更漂亮一点的女演员，提升视频自身的吸引力，从而增加播放量。抖音的首要原则就是"帅和漂亮"，其他因素都可以往后排，除非你的才华特别出众，可以不用"颜值"来吸引用户。

抖音粉丝超过50万即可参与"微博故事红人招募计划"，享受更多专属的涨粉和曝光资源。除了微博引流外，抖音的内容分享机制也进行了重大调整，拥有更好的跨平台引流能力。此前，将抖音短视频分享到微信和QQ后，被分享者只能收到短视频链接。但现在，将作品分享到朋友圈、微信好友、QQ空间和QQ好友，抖音就会自动将该视频保存到本地。保存成功后，抖音界面上会出现一个"继续分享"的分享提示。用户点击相应的按钮就会自动跳转到微信上，这时只要选择好友即可实现单条视频分享。好友点开即可观看，不用再手动复制链接到浏览器上。抖音分享机制的改变，无疑是对微信分享限制的一种突破，此举对抖音的跨平台引流和自身发展都起到了一些推动作用，如图9-6所示。

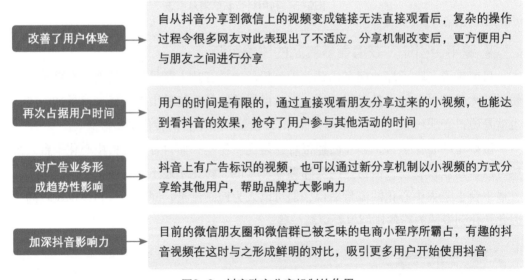

图9-6　抖音改变分享机制的作用

9.1.8　音乐平台引流，目标受众重合度非常高

抖音短视频与音乐是分不开的，因此用户还可以借助各种音乐平台来给自己的抖音号引流，常用的有网易云音乐、虾米音乐和酷狗音乐。以网易云音乐为例，这是一

款专注于发现与分享的音乐产品，依托专业音乐人、DJ（Disc Jockey，打碟工作者）、好友推荐及社交功能，为用户打造全新的音乐生活。网易云音乐的目标受众是一群有一定音乐素养、有较高教育水平、有较高收入水平的年轻人，这和抖音的目标受众重合度非常高，因此成了抖音引流的最佳音乐平台之一。

用户可以利用网易云音乐的音乐社区和评论功能，对自己的抖音进行宣传和推广。除此之外，用户还可以利用音乐平台的主页动态进行引流。例如，网易云音乐推出了一个类似微信朋友圈的功能，用户可以发布歌曲动态、上传照片和发布140字的文字内容，同时还可以发布抖音短视频，可以非常直接地推广自己的抖音号。

9.1.9 线下引流，认领POI地址为实体店引流

抖音的引流是多方向的，既可以从抖音或者跨平台引流到抖音号本身，也可以将抖音流量引导至其他的线上平台。尤其是本地化的抖音号，还可以通过抖音给自己的线下实体店铺引流。例如，"答案茶""土耳其冰淇淋"、CoCo奶茶、宜家冰激凌等线下店通过抖音吸引了大量粉丝前往消费。特别是"答案茶"，仅凭抖音短短几个月就招收了几百家代理加盟店。

用抖音给线下店铺引流最好的方式就是开通企业号，利用"认领POI地址"功能，在POI地址页展示店铺的基本信息，实现从线上到线下的流量转化。当然，要想成功引流，用户还必须持续输出优质的内容、保证稳定的更新频率以及与用户多互动，并打造好自身的产品，做到这些才可以为店铺带来长期的流量保证。

9.1.10 多闪引流，头条系的社交涨粉新工具

2019年初，今日头条发布一款名为"多闪"的短视频社交产品。多闪拍摄的小视频可以同步到抖音，非常像微信近期开放的朋友圈视频玩法。

多闪App的注册方式也非常简单，运营者可以先下载多闪App，然后用头条旗下的抖音号授权、填写手机号、收验证码、授权匹配通讯录等即可进入。多闪App诞生于抖音的私信模块，可以将抖音上形成的社交关系直接引流转移到多闪平台，通过自家平台维护这些私域社交关系，降低用户结成关系的门槛。

1. 多闪主动加人引流

多闪App的短视频内容不是以人实现聚合，而是以好友关系实现聚合，避免了刷屏烦恼。下面介绍通过多闪App主动加人引流的操作方法。

专家提醒

　　需要注意的是，通过多闪App主动加人，每天是有人数限制的，当日最高添加500人，被动加人没有人数限制。多闪App的好友上限目前还不清楚，如果同步抖音平台上的私信好友的话，暂且认为多闪App的好友上限可以过万。

　　打开多闪App，在主界面有一个"邀请好友来多闪"模块，会推荐一些好友，点击"加好友"按钮，如图9-7所示。进入"消息"界面，弹出"申请加好友"提示框，输入相应的申请信息；点击"发送"按钮即可，如图9-8所示。在"消息"界面点击"立即邀请"按钮，还可以邀请微信和QQ好友。

图9-7　点击"加好友"按钮

图9-8　申请加好友

　　另外，在"消息"界面点击右上角的"+"号按钮，在弹出的菜单中选择"添加好友"选项，如图9-9所示。执行操作后，进入"添加好友"界面，包括多种添加好友方式，建议运营者利用好多闪App内的添加好友功能、可能认识的人以及推荐的关系维度，包括通讯录好友、好友的好友等，第一时间将能添加的好友全部点一遍，如图9-10所示。

图9-9 选择"添加好友"选项　　　图9-10 "添加好友"界面

2. "多闪群"引流

在"消息"界面点击右上角的"＋"号按钮，在弹出的菜单中选择"发起群聊"选项进入其界面，可以通过直接邀请、搜索好友、一键邀请群好友、面对面建群等方式建立群聊，如图9-11所示。在下方的好友列表中，选择相应的好友，点击"发起"按钮，即可快速发起群聊，如图9-12所示。

图9-11 "发起群聊"界面　　　图9-12 快速发起群聊

另外，运营者还可以将"群暗号"通过QQ或微信发给好友（见图9-13），邀请这些社交圈里的好友加入多闪群聊，来实现引流。

图9-13 通过"群暗号"加人入群

9.2
微信导流，把精准粉丝导入私域流量池

当运营者通过注册抖音号，拍摄短视频内容在抖音短视频平台上获得大量粉丝后，接下来就可以把这些粉丝导入微信，通过微信来引流，将抖音流量沉淀到自己的私域流量池，获取源源不断的精准流量，降低流量获取成本，实现粉丝效益的最大化。运营者都希望自己能够长期获得精准的私域流量，这需要不断积累，将短视频吸引的粉丝导流到微信平台上，把这些精准的用户圈养在自己的流量池中，并通过不断地导流和转化，让私域流量池中的水"活"起来，更好地实现变现。

这里再次强调，抖音增粉或者微信引流，首先必须把内容做好，通过内容运营来不断巩固你的个人IP。只有好的内容才能吸引粉丝进来，才能让他们愿意去转发分享，慢慢地，你的私域流量池中的"鱼"就会越变越多，离成功也就越来越近。

9.2.1 在账号简介中展现微信号

抖音的账号简介通常是简单明了，一句话解决，主要原则是"描述账号+引导关注"，基本设置技巧如下：前半句描述账号特点或功能，后半句引导关注微信，一定要明确出现关键词"关注"；账号简介可以用多行文字，但一定要在多行文字的视觉中心出现"关注"两个字；用户可以在简介中巧妙地推荐其他账号，但不建议直接引导加微信等。

在账号简介中展现微信号是目前最常用的导流方法，而且修改起来也非常方便、快捷。但需要注意，不要在其中直接标注"微信"，可以用拼音简写、同音字或其他相关符号来代替。用户的原创短视频的播放量越大，曝光率越大，引流的效果也就会越好，如图9-14所示。

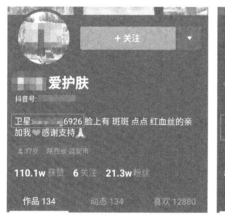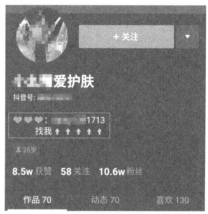

图9-14　在账号资料部分进行引流

9.2.2 在名字里设置微信号

在名字里设置微信号是抖音早期常用的导流方法，但如今由于今日头条和腾讯之间的竞争非常激烈，抖音对于名称中的微信审核也非常严格，因此运营者在使用该方法时需要非常谨慎。

同时，抖音的名字需要有特点，而且最好和定位相关。抖音名字设定的基本技巧如图9-15所示。

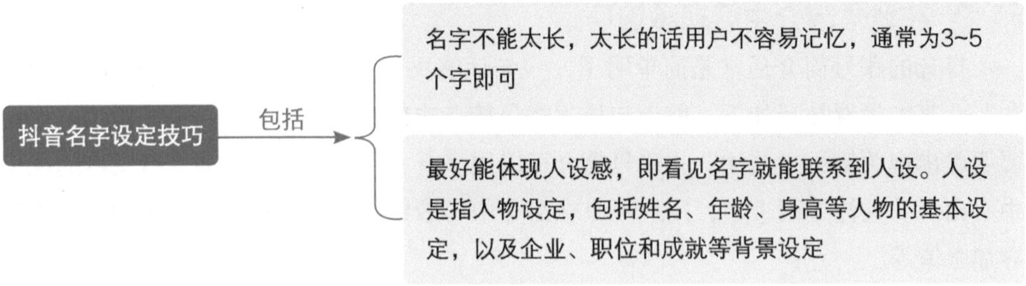

图9-15　抖音名字设定的基本技巧

9.2.3　在视频内容中露出微信号

在短视频内容中露出微信的主要方法有由主播自己说出来，也可以通过背景展现出来，或者打上带有微信的水印。只要这个视频能火爆，其中的微信号也会随之得到大量的曝光。例如，某个护肤内容的短视频，通过图文内容介绍了一些护肤技巧，最后展现了主播自己的微信号来实现引流。

需要注意的是，最好不要直接在视频上添加水印，这样做不仅影响粉丝的观看体验，而且会审核不通过，甚至会被系统封号。

9.2.4　在抖音号当中设置微信号

抖音号跟微信号一样，是其他人能够快速找到你的一串独有的字符，位于名字的下方。运营者可以将自己的抖音号直接修改为微信号。但是，抖音号只能修改一次，一旦审核通过就不能修改了。所以，运营者修改前一定要想好，这个微信号是否是你最常用的那个。

不过，这种方法有一个非常明显的弊端，那就是运营者的微信号可能会遇到好友上限的情况，这样就没法通过抖音号进行导流了。因此，建议运营者可以将抖音号设置为公众号，这样就可以有效避免这个问题。

9.2.5　在背景图片中设置微信号

背景图片的展示面积比较大，容易被人看到，因此在背景图片中设置微信号的导流效果也非常明显，如图9-16所示。

图9-16　在背景图片中设置微信号

图9-17　在背景音乐中设置微信号

9.2.6 上传的背景音乐设置微信

抖音中的背景音乐也是一种流行元素，只要短视频的背景音乐成了热门，就会吸引大家去拍同款，得到的曝光程度不亚于短视频本身。因此，运营者也可以在视频内容上传的背景音乐中设置微信号进行导流，如图9-17所示。

9.2.7 在个人头像上设置微信号

抖音号的头像都是图片，在其中露出微信号，系统不容易识别，但头像的展示面积比较小，需要粉丝点击放大后才能看清楚，因此导流效果一般。另外，有微信号的头像也需要用户提前用修图软件做好。

需要注意的是，抖音对于设置微信的个人头像管控得非常严格，所以运营者一定要谨慎使用。抖音号的头像也需要有特点，必须展现自己最美的一面，或者展现企业的良好形象。

运营者可以进入"编辑个人资料"界面，点击头像即可修改。头像选择有两种方式，分别是从相册选择和拍照。另外，在"我"界面点击头像，不仅可以查看头像的大图，还可以对头像进行编辑操作。抖音头像设定的基本技巧如图9-18所示。

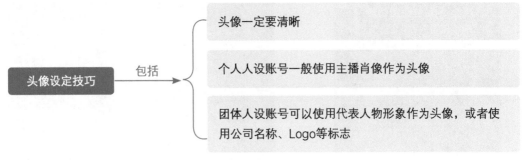

图9-18　抖音头像设定的基本技巧

9.2.8 通过设置关注的人引流

　　运营者可以创建多个小号，将他们当作引导号，然后用大号去关注这些小号，通过大号来给小号引流。另外，运营者也可以在大号的个人简介中露出小号的抖音号，以此来给小号导流。

　　很多抖音运营者都是由公众号或者其他自媒体平台转型来的，在短视频这一块可能会有些水土不服，难以变现，此时就只能将抖音流量导流到自己熟悉的领域了。但是，抖音对于这种行为限制比较厉害，会采取限流甚至封号的处罚。而运营者的大号养起来也非常不容易，此时就只能多借用小号来给微信或者公众号导流了，虽然走了一些弯路，但至少能避免很多风险。

9.3

短视频变现，多元盈利方式让创作者赚钱

　　在传统微商时代，转化率基本维持在5%～10%，也就是说，在100万的曝光量最少也能达到5万的转化率。对于短视频这样庞大的数量流量风口，吸引力当然比微商更强。

　　当你手中拥有优质的短视频，通过短视频吸引了大量的私域流量，你该如何进行变现和盈利呢？有哪些方式是可以借鉴和使用的呢？本节将展示5种短视频变现秘诀，帮助大家通过短视频轻松盈利。

9.3.1 自营电商变现：开通抖音小店

电商与短视频的结合有利于吸引庞大的流量，一方面短视频适合碎片化的信息接受方式，另一方面短视频展示商品更加直观动感，更有说服力。如果短视频的内容能够与商品很好地融合，无论是商品的卖家，还是自媒体人，都能获得较高的人气和支持。抖音不仅拥抱淘宝加快内容电商的建设，还上线抖音小店，帮助运营者打造自己的卖货平台。而自抖音打通淘宝开始，眼尖的运营者已迅速占领这片沃土，收割第一批流量红利了。

要开通抖音小店，首先需要开通抖音购物车和商品橱窗功能，并且需要持续发布优质原创视频，同时解锁视频电商、直播电商等功能，才能去申请，满足条件的抖音号会收到系统的邀请信息。抖音小店对接的是今日头条的放心购商城，用户可以从抖音设置中的"电商工具箱"页面选择"开通抖音小店"选项，如图9-19所示。进入"开通小店流程"界面，在此可以查看抖音小店的简介、入驻流程、入驻准备和常见问题，如图9-20所示。

图9-19　选择"开通抖音小店"选项　　图9-20　"开通小店流程"界面

商家入驻抖音小店的基本流程如图9-21所示。目前抖音小店入驻仅支持个人入驻模式，用户需要根据自己的实际情况填写相关身份信息，然后设置选择主营类目、店铺名称、店铺Logo、上传营业执照等店铺信息，最后等待系统审核即可。入驻审核通过后，即可开通抖音小店，其店铺页面如图9-22所示。

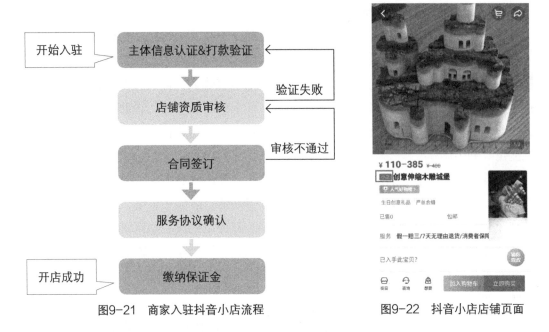

图9-21　商家入驻抖音小店流程　　　　图9-22　抖音小店店铺页面

抖音小店是抖音针对短视频达人内容变现推出的一个内部电商功能，通过抖音小店就无需在跳转到外链去完成购买，直接在抖音内部即可实现电商闭环，让运营者们更快变现，同时也为用户带来更好的消费体验。

9.3.2　第三方电商变现：上线商品橱窗

抖音正在逐步完善电商功能，对于运营者来说这是好事，意味着我们能够更好地通过抖音卖货来变现。抖音开通商品橱窗功能，由原来1000粉丝的门槛，降低到0粉丝门槛，只要发表10个视频，外加实名认证，就可以开通。运营者可以在"商品橱窗管理"界面中添加商品，直接进行商品销售，如图9-23所示。商品橱窗除了会显示在信息流中，同时还会出现在个人主页中，方便用户查看该账号发布的所有商品。如图9-24所示为橱窗商品的详情页面。

在淘宝和抖音合作后，很多百万粉丝级别的抖音号都成了名副其实的"带货王"，捧红了不少产品，而且抖音的评论区也有很多"种草"的评语，让抖音成了"种草神器"。自带优质私域流量池、红人聚集地及商家自我驱动等动力，都在不断推动着抖音走向"网红"电商这条路。

图9-23 商品橱窗管理

图9-24 橱窗商品的详情页面

9.3.3 精选联盟变现：推广佣金收益

如果运营者不想自己开店卖货，也可以通过帮助商家推广商品来赚取佣金收入，这种模式与淘宝客类似。运营者可以进入"福利社"界面，在其中选择与自己短视频类型定位一致的商品来进行推广，如图9-25所示。点击"分享赚"按钮，根据提示开通添加精选商品功能，加盟为"联盟达人"，如图9-26所示。

图9-25 "福利社"界面

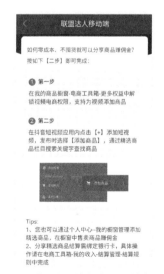

图9-26 加盟"联盟达人"的方法

运营者在拍摄视频后,进入"发布"界面,点击"添加商品"按钮,如图9-27所示。进入"添加商品"界面,可以在顶部的文本框中粘贴淘口令或者商品链接,即可添加推广商品。当观众看到视频并购买商品后,运营者即可获得佣金收入,可以进入"我的收入"界面查看收入情况,如图9-28所示。

图9-27　点击"添加商品"按钮　　　图9-28　"我的收入"界面

9.3.4 信息流广告变现:入驻星图平台

抖音推出的"星图平台"和微博的"微任务"在模式上非常类似,对于广告主和抖音达人之间的广告对接有很好的促进作用,是进一步收紧内容营销的变现入口。

"星图平台"的主要意义如下。

(1)打造更多变现机会。"星图平台"通过高效对接品牌和头部达人/MCN机构,让达人们在施展才华的同时还能拿到不菲的酬劳。

(2)控制商业广告入口。"星图平台"能够有效杜绝达人和MCN机构私自接广告的行为,让抖音获得更多的广告分成收入。

"星图平台"的合作形式包括开屏广告、原生信息流广告、单页信息流广告、智能技术定制广告以及挑战赛广告等。简单来说,"星图平台"就是抖音官方提供的一个可以为达人接广告的平台,同时品牌方也可以在上面找到要接单的达人。"星图平台"的主打功能就是提供广告任务撮合服务,并从中收取分成或附加费用。例如,洋葱视频旗下艺人"代古拉K"接过OPPO、VIVO、美图手机等品牌广告,抖音广告的报价超过40万元。

满足条件的机构可以申请抖音认证MCN，审核通过即可进入"星图平台"接单，其资质要求如图9-29所示。

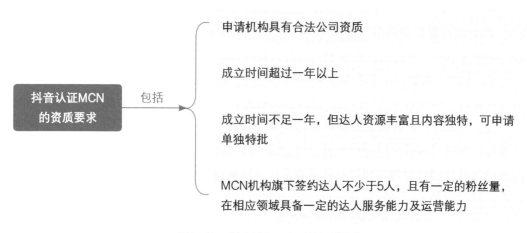

图9-29　抖音认证MCN的资质要求

与抖音官方签约，即内容合作，入驻"星图平台"开通账号即可接单。登录"星图平台"后，在后台页面中主要包括"账户信息"和"任务信息"两个部分，如图9-30所示。

图9-30　"星图平台"后台管理页面

在任务列表中，通过任务筛选器可以对任务进行定向筛选，如果运营者对某个任务感兴趣，可以接受任务，然后根据客户需求构思创意并上传视频脚本。提取广告收益的方法也很简单，点击后台管理页面上方的"提现"按钮进行操作，首次提现需要通过手机号绑定、个人身份证绑定、支付宝账号绑定3个步骤完成实名验证，验证成功后便可申请提现。

9.3.5 多闪App变现：更多盈利机会

多闪App的定位是社交应用，不过是以短视频为交友形态，微信的大部分变现产业链同样适用于多闪。未来，抖音平台对于导流微信的管控肯定会越来越严格。所以，如果运营者在抖音有大量的粉丝，就必须想办法去添加他们的"多闪"号。另外，多闪App还能帮助运营者带来更多的变现机会。

（1）抽奖活动。在多闪App推出时，还上线了"聊天扭蛋机"模块，运营者只需要每天通过多闪App与好友聊天，即可参与抽奖，而且红包额度非常大。

（2）支付功能。抖音开发的电商卖货功能，同时还与阿里巴巴、京东等电商平台合作，如今还在多闪App中推出"我的钱包"功能，可以绑定银行卡、提现、查看交易记录和管理钱包等，便于运营者变现，如图9-31所示。

图9-31　"我的钱包"功能

（3）多闪号交易变现。运营者可以通过多闪号吸引大量精准粉丝，有需求的企业可以通过购买这些流量大号来推广自己的产品或服务。

（4）多闪随拍短视频广告。对于拥有大量精准粉丝流量的多闪号，完全可以像抖音和头条那样，通过短视频贴牌广告或短视频内容类的软广告来实现变现。

私域电商：
让粉丝留下来实现
持续变现

　　如今，公域流量红利在逐渐消退，流量成本越来越高，对于电商创业者来说，经营压力也越来越大。因此，我们可以转换一种思维方式，那就是粉丝经营思维，将他们引流到自己的私域流量池中，实现更长久的持续变现。

10.1

私域引流：客户从哪里来？

做电商必须要有客户，否则你的产品将无人问津，那么事业肯定没有发展。因此，电商创业必须要有流量场景才能够将自己的货卖出去。运营者可以通过短视频、直播以及自媒体等方式来圈粉，然后将这些粉丝导入自己的微信、社群，并且积极与粉丝互动，强化彼此的关系，将私域流量池中的粉丝变成忠实客户。

10.1.1 通过短视频吸粉引流

运营者可以通过优质的短视频内容实现持续吸粉，并结合自己的实际情况和自身定位，来寻找合适的创业项目或者卖产品来变现。

例如，抖音和快手上面有很多卖服装的"大V"，他们的店铺月利润甚至能达到百万元以上，而且真正做到这个程度也只需要半年左右的时间。这些"大V"的经营模式比较简单，通常就是"批发市场进货＋短视频引流＋直播卖货"的模式，生意非常火爆，如图10-1所示。

图10-1　抖音上的服装店铺

　　很多人认为自己没有项目或者没有产品，因此做起来畏首畏尾，发视频也是三天打鱼两天晒网，毫无目的，这样当然很难取得成功。其实，大家可以多看看那些热门的视频作品，或者多关注一些同行同类型的"大V"，看看他们是怎么做成功的，从他们身上可以学到很多的成功经验。至于产品，如今网上的产品非常多，如果你觉得不够放心，也可以去批发市场或者工厂直接找货源。

　　短视频运营的投入非常低，资金方面基本上没有什么要求，只要有一台智能手机即可开始吸粉。但是，需要坚持，坚持每天拍短视频，坚持和粉丝互动，有了流量才能变现。

10.1.2　通过直播吸粉引流

　　如今，"直播+短视频"早已不是新鲜玩法，做直播的平台都惦记着短视频的流量，而做短视频的也都想利用直播实现变现。快手、美拍、火山小视频等短视频平台都先后上线了直播功能。

　　做直播的首要目的毫无疑问是获取用户，如果没有用户，就谈不上私域电商的运营和变现。在直播运营的过程中，一定要注意视频直播的内容规范要求，切不可逾越雷池，以免辛苦经营的账号被封。另外，在打造直播内容、产品或相关服务时，切记要遵守相关法律法规，只有合法的内容才能得到承认，才可以在互联网中快速传播。如图10-2所示为直播吸粉的相关技巧。

图10-2　直播吸粉的相关技巧

10.1.3　通过自媒体吸粉引流

　　当社会信息化进入移动、智能时代，每个人都可以成为信息的传播者，信息的发布越来越简易化、平民化、自由化，自媒体便应运而生。自媒体传播中，我们总是能因为一些消息而狂热讨论，也希望自己的发言能得到别人的关注和认同，在自媒体的运营中还存在非常可观的利益前景和商机，使自媒体变得炙手可热。

自媒体是一种私人性质的传播介质，通常以个人为单位，依靠手机、电脑等简单工具，结合QQ、微信、微博、贴吧、网络社区等平台就可以进行操作运营，非常简易、自主。

粉丝经济在自媒体的经营中表现明显。自媒体运营中有两个方面能够产生直接价值，一是文章阅读流量的转化，二是自媒体提供产品服务，这两个方面都要依靠粉丝的直接价值奉献。

10.2
变现方式1：直播带货

在直播领域中，很多都是与电商业务联系在一起的，特别是一些直播IP，他们在布局电商业务的同时，又利用其本身的强大号召力和粉丝基础，以直播的内容形式打造私域流量池，来进行导流和电商变现。

10.2.1 淘宝直播：全网最大的电商流量池

淘宝直播就是一个以"网红内容"为主的社交电商平台，为明星、模特、红人等直播人物IP提供更快捷的内容变现方式。淘宝直播的流量入口被放置在手机淘宝的主页下方，如图10-3所示。

点击淘宝直播栏目，进入后，即可看到很多主播发布的直播和短视频内容，而且这些内容大部分都是主播们原创的，短视频也是亲身体验后拍摄的，如图10-4所示。在淘宝直播中，有很多的主播的真实身份是美妆达人、时尚博主、签约模特等。

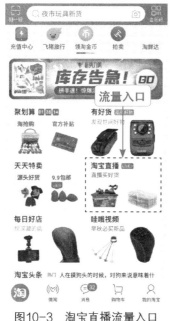

图10-3 淘宝直播流量入口

图10-4 淘宝直播界面

对于互联网创业者或者企业来说，并没有必要亲自去验证这些淘宝主播IP的带货能力，如果有合适的产品也可以联系淘宝主播IP来协助宣传，让他们来为店铺引流。

当然，对于那些没有开店只是帮助商家推荐商品的淘宝主播IP而言，也可以从商家处获得佣金收入。在这种互联网电商模式下，直播主播IP充当了流量入口，为商家或自己的店铺提供推广渠道。据悉，2018年淘宝直播的总交易额突破1000亿元，同比增速近400%。毫无疑问，淘宝直播是目前电商直播的第一大平台。

10.2.2 蘑菇街直播：极高的流量变现率

蘑菇街不仅内容时尚、形式多样，而且平台中的商品种类丰富，同时结合"红人直播、买手选款+智能推荐"的售卖方式，让用户在分享和发现流行趋势的同时，享受更好的购物体验。如图10-5所示为蘑菇街App中的直播功能。

图10-5　蘑菇街App中的直播功能

　　蘑菇街针对入驻红人，推出了"百万主播孵化计划"，帮助他们快速开通直播权限。蘑菇街直播的入驻类型包括个人主播、MCN机构、供应链商家、主播小店等类型。例如，个人主播必须是高颜值且有红人属性的时尚穿搭达人或美妆达人，当然，如果主播的电商属性强、自带符合平台货品需求的货源，这也是加分项。

　　如今，直播已经成为蘑菇街的主要电商业务，增长速度十分强劲。根据蘑菇街发布的财务报告显示，2020财年第一季度（截至2019年6月30日），蘑菇街直播的GMV（Gross Merchandise Volume，成交总额）达到13.15亿元，同比增长102.7%，占平台GMV总量的31.5%，直播业务的平均MAU（Monthly Active Users，月活跃用户）同比增长40.6%。

10.3
变现方式2：短视频电商

　　短视频电商变现和广告变现的主要区别在于，电商变现也是基于短视频来宣传引流，但还需要实实在在地将产品或服务销售出去才能获得收益，而广告变现则只需要将产品曝光即可获得收益。

如今，短视频已经成为极佳的私域流量池，带货能力不可小觑。短视频电商变现的平台除了抖音，还有西瓜视频、快手、微视、淘宝、今日头条以及火山小视频等。其中，头条系的产品占据了半壁江山，而且今日头条还通过和阿里巴巴合作，打通了电商渠道，这对于私域流量运营者做短视频变现来说，无疑起到了很好的推动作用。

10.3.1 快手小店：用户体量高达7亿

快手小店主要用于帮助红人实现在站内卖货变现，高效地将自身流量转化为收益。用户开通快手小店功能后，即可在短视频或直播中关联相应的商品，粉丝在观看视频时即可点击商品直接下单购买，如图10-6所示。

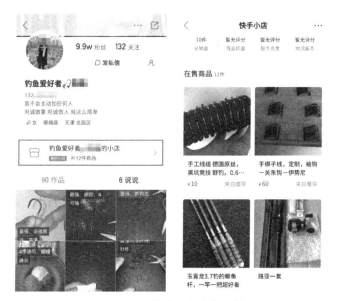

图10-6 快手小店功能示例

打开快手应用后，点击"菜单"图标，选择"设置"中的"实验室"选项进入其界面，点击"我的小店"按钮并点选启用"我的小店"即可，如图10-7所示。开通"快手小店"功能后，用户不仅能够享受便捷的商品管理及售卖功能，获得多样化的收入方式，还能获得更多额外的曝光和吸粉机会。

图10-7　启用"我的小店"功能流程

10.3.2　淘宝"哇哦视频"：很好的免费流量坑位

淘宝对短视频电商领域一直都是不遗余力的深耕，其中"哇哦视频"频道就是淘宝精心设计的短视频产品，不仅替换掉了之前的"爱逛街"品牌，而且逐步覆盖到全量手淘用户，成为淘宝短视频内容的最核心阵地，如图10-8所示。

图10-8　淘宝"哇哦视频"频道界面

淘宝短视频主要是围绕"物"来进行创作，"物"指的是以生活内容为主的电商短视频。淘宝短视频的内容主要集中在亲测实拍、网红热卖、真人种草以及购后经验这4个创作方向上，如教程开箱、试吃试玩、试穿试用以及真人点评等，很多红人店主的转化效果非常好。

对于推广预算充足的商家来说，建议自己拍短视频，当然你的制作能力必须超过那些红人店铺，否则很难达到好的推广效果。因此，如果商家预算不足或者不具备拍摄条件，则建议选择与视频机构合作。商家可以通过"淘榜单"参考各种数据来寻找一些靠谱的达人，如图10-9所示。

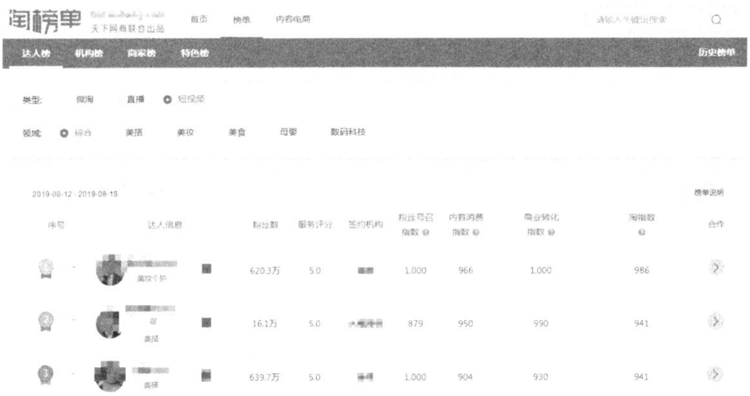

图10-9　"淘榜单"短视频达人综合榜

10.3.3　苏宁头号买家：红人短视频导购平台

"头号买家"专属频道是苏宁推出的一个短视频购物平台，通过整合专业MCN机构、流量明星、"top网红"、品牌、媒体、各领域KOL以及达人"大V"等资源，形成达人矩阵，实现爆款单品视频的定制化生产，让平台的内容电商变现形式得到完善。图10-10所示为"头号买家"专属频道主页。

"头号买家"可以说是深度结合了"抖音短视频+小红书好物分享"两种经典的社交玩法，通过短视频解说商品来挖掘红人的流量带货能力，打造更深层次的场景化营销。

"头号买家"采用短视频瀑布流的形式来展现个性化的内容，内容以"短视频带货+生活分享"为主，很容易激起用户的消费欲望，用户在观看短视频的同时可以下单购买。同时，"头号买家"还制定了多种奖励机制，激励普通用户主动参与和发布短视频，打造高品质内容。

图10-10　"头号买家"专属频道主页

　　"头号买家"不仅给消费者带来更多更好的商品选择，而且提升了商家的转化率，同时也为广大短视频达人带来更多的商业变现机会。

10.4
变现方式3：内容电商

　　互联网的发展，让私域流量成了品牌、企业以及个人争相抢夺的对象，内容电商运营也应运而起，无数企业、商家纷纷加入内容电商的大军之中。互联网＋时代，各种新媒体平台将内容创业带入高潮，再加上移动社交平台的发展，为新媒体运用带来了全新的粉丝经济模式，一个个拥有大量私域流量的个人IP由此诞生，成了新时代的商业趋势。

10.4.1　淘宝头条：消费引导性的生活资讯

　　淘宝购物已经成了消费者最喜爱的购物、消遣方式。商家为锁定消费者需求、增加消费者黏性，纷纷开启私域流量的营销之路，想方设法将"访客"变成"顾客"再转为"粉丝"，用内容电商打造新的商业模式。

淘宝未来的发展方向是"内容化＋社区化＋本地生活服务"，在这些前提的驱动下，推出了"淘宝头条"平台（又称为淘头条），图10-11所示为手机淘宝中的"淘宝头条"入口。另外，用户也可以通过下载专门的"淘宝头条"App来使用其中的功能。如今，淘宝头条已成为国内最大的在线生活消费资讯媒体平台。

图10-11 手机端的"淘宝头条"入口与页面

当然，想要入驻淘宝头条，商家还需要具备一定的资格（下面引用淘宝头条官方发布的入驻要求）。

● 机构媒体、内容电商、内容类公司、自媒体、意见领袖等获得相关社会机构资质认证或相关领域有一定影响力或粉丝数的内容创作者。

● 注册淘宝ID（非开店且无商家背景）并开通达人身份。

● 通过淘宝头条对该账号外部资质的审核。

据悉，"淘宝头条"目前拥有超过千万的日活跃用户数，一篇优质内容可以收获800万+的阅读量，一个优质账号8个月订阅粉丝可达90多万，平均每月涨粉可达10万+。另外，"淘宝头条"的内容运营者收益情况也比较可观，一篇淘宝头条热读文章可以给发布者带来十多万元的佣金收益。

专家提醒

　　内容要想通过粉丝流量来实现变现，首先这些内容应该能够引起大家的共鸣，这需要一个时机来体现。其次只有在正确的时间里用内容与用户产生共鸣，才能获得更精准的粉丝与流量，这样内容在变现时也才能更有价值。

10.4.2 淘宝有好货：手淘的精品导购产品

　　淘宝有好货的展示流量是千人千面的，也就是说不同消费者可以看到不同的内容，商家可以获得更加精准的引流效果。有好货更适合那些小而美的商品展示，同时也是商家新品引流和老品维护的重要平台。

　　有好货的封面图片一般为尺寸不小于500mm×500mm的正方形，推荐尺寸为1080mm×1080mm。另外，有好货的封面图片内容布局设计还需要满足以下要求。

　　● 一致性：封面图片中出现的商品要和标题、推荐理由以及宝贝详情页面中出售的商品完全一致，如图10-12所示。

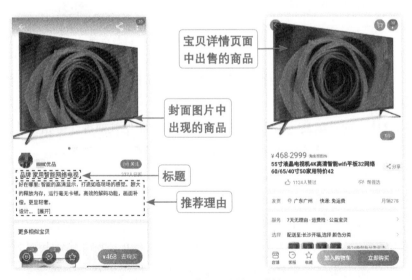

图10-12　封面图片的一致性

　　● 背景要求：封面图片的背景要干净整洁，可以采用白色背景或者场景图，同时应突出主体，在构图上要尽量完整饱满，要有较高的清晰度。

　　● 无"牛皮癣"：封面图片上不能出现水印、Logo以及其他多余文字，最好不要用拼接的图片。

● 数量与颜色：除了套装类商品外，一般单张封面图片上只能出现一个商品主体，而且对于有多种颜色的商品也只能挑选其中的一种颜色。

● 模特要求：对于服饰类需要使用模特照片的商品来说，通常只能出现一个模特人物，而且最好不要使用全身照片。注意：情侣装和亲子装不适用此要求。

● 拍摄角度：在拍摄商品照片时，要选一个可以体现商品全貌、特点以及功能的最佳角度，最好能让用户一眼就看出这是什么商品。

有好货的商品定位比较简单，主要是那些追求生活品质的消费者，为他们推荐一些平常难以注意到的精品。对于电商企业来说，有好货为其带来了一个不错的内容流量入口，是提高商品销量的重要渠道，应该好好运用。

10.5
变现方式4：自媒体电商

随着传统电商遇到流量天花板，拥有可以直达消费者 "私域流量" 的自媒体，成了电商发力的新方向。随着5G时代的到来，不管是大的企业，还是小的个人，都可以通过自媒体渠道来吸粉引流，构建起自己的 "用户池"。同时，各种自媒体平台不断升级电商功能，引导自媒体人通过运营私域流量，将与消费者之间的 "弱关系" 打造成朋友般的 "强关系"。

10.5.1 今日头条：放心购、值点商城

今日头条如今已经成为紧跟腾讯的第二大流量池，也希望通过电商业务来充分发挥流量价值。"放心购"是今日头条推出的自有电商平台，而"值点"是今日头条电商业务布局中的一个重要应用。

"放心购"主要依托自媒体平台的流量，商家可以与头条号"大V"进行付费合作，或者经营自己的头条号，通过发布文章的形式导流到商品页面，引导头条用户直接在线支付。在今日头条号后台的"发表文章"页面，除了可以插入图片、视频和音频等多媒体文件外，还可以把第三方平台的商品链接插入到文章中（见图10-13），这样用户便可点击文章的商品图片实现快速购买了。

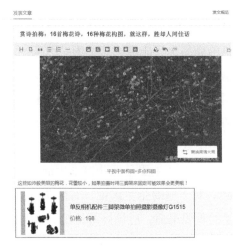

图10-13　在文章中插入商品链接

　　背靠今日头条的"值点"，其流量优势十分显著，再加上头条本身的品牌号召力，吸引了大量的头条号"大V"入驻。兼容了电商功能与生活资讯的"值点"，不仅可以提升用户黏性，延长他们的使用时间，还可以促进更多的电商交易行为，如图10-14所示。同时，"值点"还可以打通自媒体和电商数据，让今日头条的推荐算法更加精准，甚至可以做到让商品自己去找消费者。

图10-14　"值点"兼顾电商与资讯

10.5.2 豆瓣东西：定位"发现好东西"

豆瓣东西是由著名的社区网站豆瓣推出的一个自媒体电商平台，主要定位为"发现好东西"，如图10-15所示。

图10-15 豆瓣东西

据悉，在豆瓣社区中有38万个小组，其中包含了大量的吃、穿、住、用、行等话题讨论，而且有超过两万个小组与购物直接相关。豆瓣东西通过整合这些小组中已分享的大量商品资讯，构建了一个"商品发现社区"，并以导购内容成功切入电商平台。

在豆瓣社区中，用户的忠诚度和活跃度都非常高，而且豆瓣东西中都是一些有较大影响力的品牌商家。同时，拥有相同爱好的用户之间形成的小组产生了一种浓厚的社区氛围，在社区中由各个用户自己生产内容，并生成海量的商品信息，如图10-16所示。同时，豆瓣东西提供丰富的购物信息精选服务，其他用户可以直接借助这些达人用户创造的内容，使购物需求与商品信息可以实现更好的匹配。

图10-16 用户自己生产内容

10.6

变现方式5：知识付费

知识变现，其实质在于通过售卖相关的知识产品或知识服务，让知识产生商业价值，变成"真金白银"。在互联网时代，我们可以非常方便地将自己掌握的知识转化为图文、音频、视频等产品/服务形式，通过自己的私域流量来传播并售卖给粉丝，从而实现盈利。随着移动互联网和移动支付技术的发展，知识付费这种私域流量变现模式也变得越来越普及，能够帮助知识生产者获得不错的收益和知名度。

10.6.1　喜马拉雅FM：知识付费课程

知识课程的内容形式主要特点为场景化、故事化、娱乐化和干货化，其典型代表包括喜马拉雅FM、蜻蜓FM、豆瓣时间以及今日头条的付费专栏等，代表作品包括《奇葩说》《好好说话》以及《百家讲堂》等，这些作品都具有比较成熟的系统性，而且内容连贯性也很强，不仅能够突出主讲人的个人IP，同时能够快速打造"知识网红"。

喜马拉雅FM在版权合作的基础上，融合了"UGC+PUGC+PGC"等多种内容形式（见图10-17），同时布局"线上+线下+智能硬件"等多渠道来进行内容分发，打造完整的生态音频体系。喜马拉雅通过不断挖掘上游原创内容，充分利用IP衍生价值，实现知识生产者、知识消费者和平台的三方共赢。

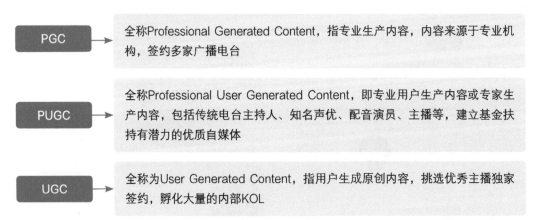

图10-17　喜马拉雅FM的主要内容形式

喜马拉雅FM的两个核心优势如下。

（1）积累大量高黏性的听众用户。根据喜马拉雅FM的官网数据显示，其手机用户超过4.7亿，汽车、智能硬件和智能家居用户超过3000万，还拥有超过3500万的海外用户，并且占据了国内音频行业73%的市场份额。

（2）拥有全品类的知识产品服务。8000多位有声自媒体大咖，500万有声主播，同时有200家媒体和3000多家品牌入驻，覆盖财经、音乐、新闻、商业、小说、汽车等328类过亿条有声内容。

例如，2016年喜马拉雅FM举办了首届"123知识狂欢节"，当天的总销售额为5088万元，跟淘宝第一年的"双十一"销售额旗鼓相当。2018年第三届"123狂欢节"，付费内容数量达到138万条，总销售额达到了4.35亿元，总销售是2017年的两倍有余，这也是大众对于"知识产品价值"的再次肯定。

10.6.2 悟空问答：知识问答咨询

在互联网时代，让"知识咨询"变得更加容易，人们不仅可以非常方便地上网搜索各种问题的答案，同时还可以通过一些问答互动类知识付费平台获得更加专业和深入的答案，如悟空问答、在行、知乎、知了问答以及微博问答等。付费问答可以沉淀大量的新知识，并且能够聚集高度活跃的用户，是可行度较高的知识变现路径，它的长期可行度甚至不亚于广告变现模式。

作为一个类似知乎的问答社交平台的内容产品，悟空问答不仅在短时间内吸引了众多用户关注，更重要的是，即使你是普通用户，你也有获利的机会。

在"悟空问答"频道，**只要符合条件的提供优质内容的创作者参与问答，就有可能获得问答分成。** 这里的符合条件，主要表现在两个方面，一是创作者本身，二是创作者的内容，具体分析如下。

（1）创作者本身。从头条号创作者本身来说，其获得问答分成的条件是必须是持续创作优质问答内容的答主，平台根据其曾经有过的回答内容质量来进行判断并邀请其回答问题，在这样的情况下，就能获得问答分成。

（2）创作者的内容。当创作者获得了问答分成资格时，并不代表他能持续的获得利益分成，还必须在接下来的运营中持续输出优质内容，这里所指的"优质内容"必须具备以下条件，如图10-18所示。

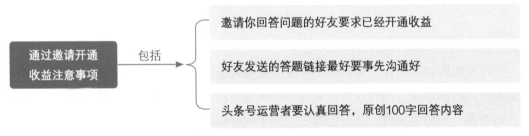

图10-18　"优质内容"必须具备的条件

在"悟空问答"中，可以通过两种方式开通收益，具体内容如下。如果所运营的头条号还是没有在悟空问答中回答过问题的新号，那么，此时可以通过邀请回答问题的方式来开通收益。通过这种方式开通收益时要注意3个事项，具体如图10-19所示。

通过邀请开通收益注意事项	包括	邀请你回答问题的好友要求已经开通收益
		好友发送的答题链接最好要事先沟通好
		头条号运营者要认真回答，原创100字回答内容

图10-19　通过邀请开通"悟空问答"收益的注意事项

通过邀请方式认真回答了答题链接中的问题，只要提交成功，那么，第二天运营者就可以获得收益了，也就说明"悟空问答"收益已经开通了。

如果所运营的头条号已经在悟空问答中回答过问题，此时，运营者唯有坚持不懈地创作优质回答内容，被动地等待系统主动开通收益。当系统开通收益后，就会在选择回答问题后的页面显示"回答得红包"，就表示系统已经帮该头条号开通收益了。此时运营者只要点击"回答得红包"按钮，然后进入相应页面编辑内容即可。

当然，这里的红包是不定的，系统会根据内容的质量、推荐量和阅读量来决定分成的。因此，运营者无论是在开通收益前还是开通收益后，都应该注意保证内容质量的优质。

在"悟空问答"App上，如果系统已经开通收益，那么，页面显示就不再是"回答得红包"字样，而是"回答得现金"。

10.6.3 知乎Live：知识社群分享

知识分享的内容产品具有非常专业的系统性，而且这些知识是可以操作的，同时能够抓住人心，聚集一些有相同兴趣或需求的用户，形成一种社群氛围。这种知识分享模式的社群营销类知识付费平台主要包括知乎Live、千聊微课以及知识星球等，主要通过付费进行音频内容的直播或知识分享，同时主讲人可以与付费用户进行交流互动，打造具有愉悦性、互动性的学习社群。

知乎Live是由知乎平台打造的核心知识付费形式，通过直播讲座的形式，为付费用户分享知识，相当于一个实时语音问答的互动产品。知乎Live主要采用行业沙龙的社群付费形式。各行业达人确定Live主题，进行音频直播，内容形式包括语音、文字、图片和视频等，与付费用户进行互动，如图10-20所示。首先进来的用户能提问和发言，Live结束后可付费收听内容。

要创建Live直播，首先要开通主讲人身份，包括手机验证、实名认证以及芝麻认证等，同时还需要缴纳500元保证金才可以创建Live，如图10-21所示。如果没有开通支付宝或者芝麻信用，也可以申请人工验证。

图10-20 知乎Live

图10-21 保证金规则

主讲人可以根据内容和参与人数的期待，自行设定Live的价格，通常在9.9～499.99元之间。每一场Live，对于主讲人获得的实际酬劳，平台会抽取30%的服务费，但会给予主讲人20%的补贴，同时开放更多流量支持。对于消费者来说，平台提供"七天无理由退款"，同时建立绿色投诉通道保障消费者权益。